Pra que ter razão
se eu posso ser feliz?

Isabel Losada

Pra que ter razão se eu posso ser feliz?

Uma divertida jornada de iluminação e êxtase

Tradução de
Eliana Rocha

EDITORA ALAÚDE

Título original: *The Battersea Park Road to Enlightenment*

O texto deste livro foi fixado conforme o acordo ortográfico vigente no Brasil desde 1º de janeiro de 2009.

PREPARAÇÃO DE TEXTO:
Fátima Couto

REVISÃO:
Graça Couto

CAPA:
Miriam Lerner

FOTOS DE CAPA:
Taichi pose © Lise Gagne; Petal surround © Paul Maguire; Myanmar: Monk with Red Parasol in Temple © Alan Tobey; Stack of Pebbles © Victor Prikhodko; Sakyamuni Buddha © only_fabrizio; Sun constellation © Baloncici

IMPRESSÃO E ACABAMENTO:
EGB - Editora Gráfica Bernardi Ltda.

1º edição, 2012

Dados Internacionais de Catalogação na Publicação (CIP)
(Câmara Brasileira do Livro, SP , Brasil)

Losada, Isabel
Pra que ter razão se eu posso ser feliz? : uma divertida jornada de iluminação e êxtase / Isabel Losada; tradução de Eliana Rocha. - São Paulo: Alaúde Editorial, 2012.
Título original: The battersea park road to enlightenment

ISBN 978-85-7881-116-7

1. Atitude (Psicologia) 2. Autoconhecimento 3. Autorrealização 4. Bom senso 5. Conduta de vida 6. Decisões 7. Desempenho 8. Determinação 9. Metas (Psicologia) 10. Perseverança I. Título.

12-04163 CDD-158.1

Índices para catálogo sistemático:
1. Autorrealização : Psicologia aplicada 158.1

2012
Alaúde Editorial Ltda.
Rua Hildebrando Thomaz de Carvalho, 60
04012-120, São Paulo, SP
Tel.: (11) 5572-9474 e 5579-6757
www.alaude.com.br

Agradecimentos

Todas as pessoas citadas neste livro são reais. Em alguns casos, mudei os nomes para proteger sua identidade, mas muitas aparecem com seu verdadeiro nome. Portanto, gostaria de agradecer a todos os que, de uma forma ou de outra, são mencionados neste livro. Meus agradecimentos especiais ao dr. Roger Woolger e a William Bloom, que me permitiram não apenas citar suas palavras, mas também utilizar substancialmente o material de seus livros.

Pessoalmente, quero agradecer a Michael Morris, Sarah Leigh, Tony Edwards e Christy Mack por seu estímulo. Devo um especial agradecimento a minhas editoras, Rosemary Davidson e Marian McCarthy, e ao enorme entusiasmo, imaginação e energia de toda a equipe da Bloomsbury. São companheiros verdadeiramente extraordinários.

Finalmente, desejo agradecer à minha filha Mez, cuja paciência comigo é eterna e milagrosa.

Para Robert
Com meu agradecimento por sua inspiração.

Sumário

Prólogo

Chegando ao começo

Fui abençoada com uma curiosidade caprichosa. Quero descobrir uma maneira de ser absurdamente feliz todos os dias. Sabe aquelas pessoas que sempre irradiam um jovial otimismo não importa o que esteja acontecendo na vida delas? Chatas, não? Só que eu desejo ser como elas.

Não estou falando daquelas que parecem alegres, mas que, se a gente passar mais de dez segundos com elas, se revelam na verdade profundamente deprimidas. Nem daquelas que se contentam com facilidade (meu ex-marido é um homem que se contenta facilmente). Prefiro o desespero ao contentamento – sempre. Quero descobrir como viver a vida de modo pleno, alegre, desatinado. Essa é a minha busca. Por enquanto não estou indo muito bem.

Sou o resultado de um caso de amor que aconteceu em Paris. Parece que meu pai era um diplomata espanhol, e agora vocês já sabem dele tanto quanto eu. Gosto de pensar que o sangue espanhol me dá um exótico ar de mistério. Meu pai me deu uma pele que se bronzeia facilmente ao sol e a vida propriamente dita, pelo que lhe agradeço. Mas, se algum de vocês fosse escalado para fazer o papel dele num filme sobre a minha vida, sua carreira não iria muito longe.

Minha mãe trabalhava como secretária bilíngue, e, quando ele se recusou a se casar com ela, partiu para os Estados Unidos para me garantir um passaporte americano e me trouxe de volta à Inglaterra quando eu estava com seis meses. Acho que minha avó ficou um tanto surpresa, já que minha mãe não havia mencionado minha existência. Ela assumiu o nome de meu pai, e, embora eu não tenha nenhum direito legal a ele, esse tem sido o meu nome a vida toda. Me faz parecer interessante, não acham?

Mas este não vai ser um desses livros em que o leitor fica sabendo da história toda da infância do autor. Eis uma versão condensada. Morei na casa de minha avó, onde minha mãe era uma visitante de fim de semana. As avós tradicionalmente fazem todas as vontades dos netos, e a minha era uma grande tradicionalista. Ela me fez saber que o mundo gira ao meu redor e que qualquer coisa que eu desejasse podia ser minha. Quando minha mãe assumiu o controle, eu já tinha 5 anos e estava totalmente estragada. Ninguém jamais me dissera "não". Foi um excelente começo.

Eu já era promissoramente turbulenta, de modo que minha mãe me mandou para uma academia de artes cênicas. Sabe essas crianças exibidas e desagradáveis? Eu era uma delas. Dava aquele sorriso forçado na tevê, cantava e dançava nos palcos, mas era um caso perdido na hora de somar e de subtrair. Quando cheguei à adolescência, a escola era 98 por cento feminina, e já naquele tempo os meninos que estudavam dança não eram do tipo que as meninas queriam namorar. Fora da escola, eu montava barracas e cantava canções edificantes com as bandeirantes. Só uma vez vira o desenho de um pênis numa aula de biologia. Nunca tinha sequer conversado com alguém que tivesse um.

Mas eu era invencível, o que foi bom, porque, quando estava com 18 anos, minha mãe morreu, e, aos 19, minha avó ascendeu atrás dela. Meus parentes parecem ter uma imprudente preferência pelo outro mundo. Mãe, avó, avô, tias, tios – até o pai que nunca conheci. Quando finalmente descobri quem ele era, vi que também tinha escapado para as mais altas esferas espirituais. E meus irmãos e irmãs nunca foram gentis o bastante para nascer. É muito reconfortante ter espíritos como família, mas eles não lavam louça.

Naturalmente, logo conheci um homem e, com a enorme experiência de uma garota de 19 anos, permiti que ele se mudasse para a minha casa. Não acho que ele gostasse muito de mim, e não sei se gostava dele, mas não percebi isso na época. Era um rapaz bonito e *sexy* de 28 anos, mas fumava cachimbo, calçava chinelos e assistia a jogos de críquete, de modo que, de repente, percebi que tinha me aposentado oitenta anos antes do tempo. Ele também não devia estar muito satisfeito comigo. Eu não sabia cozinhar nem fazer o serviço de casa, e, pior que isso, me interessava por tudo.

Comecei a trabalhar como atriz. Passava o verão no Festival de Edimburgo, atuando em peças sérias e em teatros obscuros. No Natal, participava de pantomimas. Posso me orgulhar de ter interpretado o Pé de Feijão em *João e o pé de feijão* e a princesa em *Aladim*. Em alguns anos tive um dia ou outro de trabalho entre o verão e o Natal. Mas na maioria dos meses tinha que me contentar como pudesse.

O homem da casa só queria viver uma vida calma e ver suas partidas de críquete sem ser perturbado. E eu sempre querendo fazer alguma coisa. Eu estava lendo um livro e gritava:

– Nossa! Ouça isto! – Mais uma vez, eu descobrira alguma ideia que mudava tudo.

– Hein? – ele resmungava, fingindo interesse.

– Veja o que Herman Hesse diz: "A felicidade é um como, não um o quê; um talento, não um objeto". Não é fascinante?

Ele me olhava, imaginando por que eu falava tanto e se teria alguma intenção de preparar uma refeição alguma hora. Eu não era conhecida por fazer coisas como almoço ou jantar. Quando sentia fome, comia uma fruta e pronto. Ele chegava de Yorkshire esperando encontrar alguma coisa quente e morta num prato de vez em quando.

Eu não conseguia planejar nem o dia seguinte, e vivia correndo de um lado para outro. Parecia o Tigrão em êxtase com algum plano maluco de ajudar alguém que não precisava de ajuda. Tinha enchido a casa de inquilinos para ganhar algum dinheiro. Essas criaturas inocentes vinham de cantos longínquos do globo para descobrir que eu lhes infligiria o suplício de aulas de língua e as arrastaria aos mais heterogêneos eventos sociais. A casa vivia um caos. Eu achava que as pessoas que tinham casas impecáveis não tinham o que fazer. Lembro que gastava a maior parte do tempo tentando convencer o homem de chinelos a fazer coisas que ele não queria e a explorar ideias em que ele não estava interessado. Com toda a honestidade, eu tentava fazê-lo mudar. É claro que, com isso, ele achava que eu o estava "tirando da rotina" ou, embora ele fosse nove anos mais velho, "tentando ajudá-lo".

Vocês devem estar pensando que ele teve o bom senso de me deixar. Mas ele superestimou sua capacidade de lidar com problemas. Casou-se comigo. Acho que esperava que eu assentasse um pouco e criasse o súbito desejo de passar roupa, mas não funcionou. Ele levou mais cinco anos para encontrar alguém com quem pudesse desfrutar um simples contentamento. Me deixou com uma filha de 2 anos e meio.

Eu dava uma mão no jardim de infância e ensinava minha filha e outras crianças a cantar e fazer bagunça. Eu a amava apaixonadamente, tanto que não me interessava por 98 por cento do papéis que me ofereciam. Um dia minha agente desistiu: "Lamento, Isabel, mas você está fora do mercado. Para você, tem que ser uma série de treze episódios da BBC ou nada". Eu esperava uma série de treze episódios, mas o que ela me oferecera? Nada. "É impossível encontrar trabalho para você."

Portanto, agora eu era uma mãe descasada, sem família, sem dinheiro e sem trabalho, que passava as noites em casa. Tinha 26 anos. Quando minha filha ia para a escola, eu vagava pela casa me sentindo miserável. Sabia que tinha que fazer alguma coisa, e por isso resolvi adotar o sono como ocupação de tempo integral. Estava paralisada. As pessoas me diziam que a mudança era inevitável. Mentiam. As coisas continuavam na mesma. Meses (ou foram anos?) se passaram.

Suponho que devia ter lavado a louça, como todo mundo. E jogado conversa fora com o carteiro, o leiteiro e o vizinho. Então, resolvi cortar a grama. E alimentar o gato. Cheguei até a tirar pó dos móveis. Os inquilinos iam e vinham. Finalmente me tornei uma dessas pessoas que têm uma casa impecável.

Não tinha coragem de retomar a carreira de atriz sem agente, e não sabia fazer outra coisa. Depois de anos na escola, eu só estava qualificada para o sapateado. Então esperei – só não sei pelo quê. Os dias voavam no calendário, zombando de mim: "Mais um dia se foi; mais um dia se foi". Furiosa, eu me perguntava: "E agora?" Nada mudava. Se não fosse a Providência Divina, na qual eu não confiava, eu parecia condenada a requerer minha aposentadoria em breve.

Então a Providência Divina se manifestou. Uma sorridente e consciente colega da escola de teatro voltou à minha vida para me informar que eu não estava indo a lugar nenhum e precisava de um curso para reorientar minha vida. Sua carreira estava indo irritantemente bem. Segundo ela, eu estava "estagnada".

– Você é totalmente responsável pelo que acontece em sua vida – ela disse, e abriu um daqueles sorrisos de propaganda de pasta de dentes. Não lhe servi uma xícara de café descafeinado. Não faria curso nenhum. Ignorei-a.

Ela me deu de presente uma toalha de mão com uma frase irritante: "Escolha sua rotina com cuidado – você pode ficar nela por muito tempo". Ela sabia que, em vez de deixar os pratos no escorredor, eu tinha tempo de enxugá-los. Ainda assim, eu a ignorei. Pensei que ir para a universidade e obter um diploma talvez fosse uma boa ideia. Três anos depois, estava mais qualificada e continuava paralisada.

– Você tem a vida que criou – continuou Fiona, depois de uma breve trégua de três anos para me permitir chegar à formatura. – Venha fazer um seminário. Vai ajudá-la a recolocar a vida nos trilhos.

Um seminário sobre a vida? Minha resistência era imensa. Tratava-se evidentemente de uma seita.

– O curso não é religioso – ela insistiu.

A universidade tinha sido uma experiência interessante, mas não ajudara. O seminário era dirigido por americanos. Para mim, naturalmente, qualquer ideia vinda da Califórnia era muito suspeita.

– Condenar antes de verificar? – ela provocou. – Eu esperava coisa melhor de você. Afinal, o que você tem a perder?

Eu não conseguia pensar em nada. Ela era exaustivamente insistente.

– Isabel, faça o Seminário da Percepção. Se não gostar, pode sair.

Ela venceu. Talvez eles tivessem uma ou duas coisas úteis a dizer. Ia ouvir essas e ignorar o resto. Estava decidida a não deixar que algum americano sorridente diante de um quadro-negro me dissesse como viver a vida. Afinal, agora eu estava formada. Ninguém ia me passar a perna.

Mas a pessoa que conduziu meu primeiro seminário era uma mulher. E não havia quadro-negro.

Fase 1

Fora da zona de conforto

Eles nos dão um crachá com nosso nome escrito em letras enormes e pedem que a gente o use. Isso me irritou, porque um estranho completo chegou até mim e disse: "Então, você é a Isabel?", ao que fui capaz de responder, com total segurança: "Sim, e você é o Tom". Fazer divulgação de si mesmo é uma coisa maravilhosa.

Eu estava num hotel no norte de Londres, numa sala de conferências com um carpete abominável e cortinas abomináveis. A impressão geral era... abominável. Eu já imaginava a que estaria sujeita. Havia uma centena de pessoas de todos os tamanhos, idades e classes: matriarcas idosas e falsos *hippies* de 20 e tantos, gente de terno e uns tipos desgrenhados e suspeitos que pareciam ser fontes confiáveis de alguma coisa interessante. Feios, sujos e malvados – todos com seus crachás. Eu sabia que John Cleese, Janet Reger, Terence Stamp e Bernard Levin tinham feito o curso, mas a semana que escolhi parecia evidentemente desprovida de celebridades. Que pena! Eu adoraria me sentar ao lado de Terence Stamp.

Fileiras de cadeiras com o encosto forrado de falso veludo estavam dispostas diante de um estrado com uma mesa e uma ofuscante exibição de flores. Grandes caixas de lenços de papel em tons pastel tinham sido colocadas em todas as superfícies planas existentes, e algumas pessoas permaneciam no fundo da sala sorrindo – de um modo bastante presunçoso, eu pensei –, como se dissessem: "Rá, rá, sabemos por que esses lenços estão aqui". Talvez eu pudesse sair de fininho e inventar uma desculpa criativa para dar a Fiona.

Numa tela estavam projetadas as seguintes palavras: "Participe de sua experiência e experimente sua participação". Dei mais uma olhada em volta para confirmar minha suspeita de que estava cercada de pessoas tristes e solitárias sem vida própria, até que comecei a conversar alegremente com a vítima que ocupava a cadeira ao lado da minha. O que eles queriam dizer com aquela frase na tela? Queriam que eu "participasse" da maneira mais plena possível e aproveitasse a "experiência"? "Para mim chega", pensei. Eu não esperava grande coisa desses janotas americanos, mas ia prestar atenção. Se eles tivessem alguma uma coisa a dizer que pudesse me ajudar a dar um jeito na minha vida, eu não ia perdê-la.

Uma mulher magra e sofisticada, vestida com um terninho de seda, entrou em cena.

– Bem-vindos aos Seminários de Percepção. – Ela sorriu. Não gostei dela de cara. – E então? Já deram uma olhada em volta? Alguém já deve ter lhes dito que é falta de educação encarar os outros. Bem, aqui nós os convidamos a encarar. Deem uma olhada em todo mundo que está aqui. É uma turma bizarra, não é? – Eu estava um passo à frente. Já tinha constatado isso. – Enquanto olham em volta – ela continuou, sorridente –, observem que impressão essas pessoas lhes dão ... quem parece interessante e quem não parece... – Eu não tinha achado ninguém interessante. – E agora imaginem o que elas devem estar pensando enquanto olham vocês. – "Hummm, sou muito diferentes delas, e só estou aqui para deixar Fiona feliz."

– Agora, vamos ver quantos de vocês só estão aqui para se livrar da insistência de algum amigo. – Será que a fulana era uma vidente? Todo mundo na sala levantou a mão, inclusive eu. Risos. Pelo menos eles tinham senso de humor. – Agora, vamos ver algumas diretrizes deste seminário. – Um simpático indiano de terno deu um passo à frente e mudou a tela do projetor. "Use tudo para seu aprendizado, sua elevação e seu crescimento." Ela nos fez repetir a frase como crianças pequenas. Será que éramos retardados, além de desesperados? Evidentemente. Mas gostei da primeira instrução. Fazia sentido para mim. Então veio a segunda diretriz: "Cuide de você para poder cuidar dos outros". A frase parecia estar invertida. Achei que era "Ame o próximo como a si mesmo". Mas não era mais lógico cuidar de mim primeiro para não ficar exausta demais para cuidar dos outros? Talvez isso fosse mais prático, ou talvez fosse uma heresia, um mau conselho, ou não fizesse muita diferença. Num raro momento de sabedoria, decidi não me dar ao trabalho de debater a questão.

Ela passou a nos entreter com histórias sobre os exercícios e jogos que constituiriam nosso "aprendizado experimental" nos próximos dias.

Depois nos deu a oportunidade de conhecer os outros "membros do culto", as pessoas sorridentes que estavam de pé no fundo da sala, e não as vítimas que ocupavam as cadeiras. Um por um, eles se aproximaram do microfone:

– Meu nome é Martin e tenho uma empresa de *softwares*.

– Meu nome é Val e sou pianista.

– Meu nome é Paul e sou instrutor de equitação.

– Meu nome é Emma e sou fotógrafa.

– Meu nome é Steven e sou advogado.

Não estávamos em Hollywood, mas todos pareciam bastante normais. Talvez tivessem sofrido uma boa lavagem cerebral.

– As pessoas às vezes pensam que estamos aqui para fazer uma lavagem cerebral em vocês – continuou a médium americana. – Estamos aqui apenas para apresentar algumas ideias que esperamos sejam eficazes para a sua vida. Se gostarem delas, usem-nas; se não gostarem, tudo bem. – Devia ser mais sinistro que isso. – Outras pessoas pensam que fazemos parte de algum culto sinistro. – Sim, sim! – Os cultos geralmente têm um líder religioso que deseja que seus fiéis o sigam. Mas, como veem, estou dando este seminário e peço a vocês que por favor não me sigam, porque volto para os Estados Unidos na semana que vem, e minha casa já tem gente suficiente. Com um marido, os filhos e o cachorro, estamos com falta de espaço.

Tenho que admitir que ela não parece líder de um culto. Mas nem por isso tem chance de me ter como discípula.

A diretriz de "usar tudo para seu crescimento" significa que podemos observar como lidamos com o que eles jogam em cima de nós. Ela nos deu algumas regras para o seminário, e todos os que têm dificuldade de cumprir regras (não é o meu caso, naturalmente) já se queixam mesmo antes que ela possa terminar o que está dizendo. Devido a um acordo de confidencialidade, não posso revelar todas as regras, mas desconfio que os viciados em drogas e álcool já estavam olhando para a porta. Não levei muito tempo para perceber que tudo aquilo fazia parte do "processo" – nosso calcanhar de aquiles já começava a doer um pouco. Logo vimos quem tinha problema com regras, com atraso, com dinheiro, em falar ao microfone, com os pais, com os homens, com as mulheres ou com os outros seres humanos. Os que tinham problemas com os outros seres humanos perceberam isso antes que a primeira noite terminasse.

Concluída a primeira parte do "processo", quatro frases surgiram na tela.

Estou disposto a me abrir com você.

Não estou disposto a me abrir com você.

Não sei ao certo se estou disposto a me abrir com você.

Não quero dizer se estou disposto a me abrir com você.

O exercício consistia em caminhar pela sala e, quando encontrássemos um pessoa, dizer-lhe uma das frases. Isso era fácil. Decidi que ia me abrir com todos. Além disso, não queria magoar ninguém dizendo que não estava a fim de me abrir com eles. Então, apenas caminhei pela sala repetindo: "Estou disposta a me abrir com você", sem saber de fato o que estava fazendo. Então ela disse:

– Parem, por favor. Fechem os olhos. Quando continuarem este exercício, quero que pensem se podem alcançar um nível mais profundo de honestidade. Agora continuem.

Continuei andando e encontrando caras novas, e me vi dizendo: "Não sei ao certo se estou disposta a me abrir com você". Então um homem que parecia muito determinado se aproximou. Respondi conforme meu pânico.

– Não estou disposta a me abrir com você.

Ele pareceu desapontado: – Estou disposto a me abrir com você – ele disse, tentando bravamente não parecer deprimido.

Então uma mulher de aparência extravagante caminhou na minha direção.

– Não estou disposta a me abrir com você – ela disse. Lembro de ter pensado: "Bem, ela tem problemas", antes de dar minha resposta: – Não quero dizer se estou disposta a me abrir com você.

Mas era isso o que eu realmente sentia ou estava apenas reagindo? Uma doce vingança? Então o exercício terminou. Fiquei contente. Não tinha sido tão fácil quanto eu havia pensado.

Todos se sentaram, e eles deram a quem quisesse dizer alguma coisa sobre essa experiência a oportunidade de usar o microfone. Várias mãos se agitaram no ar.

– Odiei quando alguém me dizia que não estava disposto a se abrir comigo – disse uma jovem que devia ter uns 25 anos. Ela parecia perturbada. Pude perceber por que os lenços podiam ser necessários mais tarde. Ela continuou: – Acho que sou uma pessoa aberta, e quando a pessoa dizia que não queria se abrir comigo, ficava realmente magoada.

– Então, na maior parte das vezes, você está disposta a se abrir com as pessoas – disse a sofisticada americana metamorfoseada na personificação da empatia e da compreensão.

– Sim.

– Então, se alguém não está disposto a se abrir com você, de quem é o problema?

– Deles, eu acho.

– Você é responsável por eles?

– Não. Ah! Obrigada.

Ela se sentou. Aplaudimos sua coragem. Eles chamam essa história de falar ao microfone de "compartilhar". Não entendo por que não dizem apenas "falar". Outra mão se elevou no ar.

– Sinto-me culpado porque, quando as pessoas dizem que estão dispostas a se abrir comigo, digo exatamente o contrário. Não é assim que eu me sinto em relação a elas. É que neste momento da minha vida não estou disposto a me abrir com ninguém.

Isso me pegou. Eu já estava pensando como isso se encaixava na minha vida. O último "namorado" que passou rapidamente pela minha vida depois que o homem de chinelos me deixou só queria amizade. Ligava todo dia, me levava para jantar e então me punha no metrô de volta para casa. Nunca ficou para passar a noite. Será que havia alguma coisa errada comigo? Será que havia alguma coisa errada com ele? Será que eu não era mesmo a mulher mais indesejável de Londres?

A semana prosseguiu. Foi tudo muito claro. Essa coisa de "compartilhar" significava dizer qualquer coisa, de "Meu gato está doente" a "Estou planejando matar meu amante". Ninguém era obrigado a falar, mas todos eram encorajados a "compartilhar" em algum momento. A americana sorridente nos disse que falar em público era o maior medo das mulheres, depois do medo da morte e do parto. Para os homens, o parto parece ser o maior medo, seguido do medo da morte e de falar em público. Naturalmente, não era uma estatística real, e ela sorriu de orelha a orelha quando disse que não a levássemos a sério, mas ficou claro que aqueles que tinham medo do microfone preferiam morrer a falar em público. Mais uma vez, eu me senti superior. Pelo parto eu já passei, e estou resignada com o fato de que todos nós vamos morrer um dia, mas adoro falar em público. Não perco uma oportunidade de ser o centro das atenções.

Quis "compartilhar" um problema real. Sempre podemos confiar nos membros do sexo oposto para nos fornecer um, vocês não acham? Eu tinha um probleminha com um homem casado que vivia em outro continente. Ele havia aparecido um dia, quando eu estava presa em casa, e tinha ficado sete dias, tempo suficiente para me deixar completamente apaixonada antes de tomar um táxi, entrar num avião e voar para longe. Eu sabia que não era bom para mim projetar um monte de ideias nada realistas sobre alguém que não estava disponível e permitir que ele fizesse o mesmo comigo. Então decidi ficar de pé e falar. Ver que conselho a senhora que tinha todas a respostas me daria.

– Então você está obcecada por um homem casado? – ela perguntou.

– Obcecada? Eu não disse "obcecada". Apenas que tenho pensado muito nele.

Mas a coisa tinha me afetado. Era verdade. Já era tempo de abandonar aquela "disfunção" e encontrar uma "disfunção" que pelo menos fosse solteiro. Não importava que ele fosse o mais lindo, alto e talentoso cenógrafo de Hollywood em que eu já tinha posto os olhos. Não importava que, quando o conheci, tenha finalmente descoberto o significado da expressão "amor à primeira vista". Não importava que ele me telefonasse regularmente para me dizer quanto me amava (e quanto amava a mulher, coisa que ele geralmente mencionava). Eu tinha que me libertar dele. Fazia-se necessária uma cerimônia de queima de fotos e cartas.

Então eles começaram a falar da "zona de conforto". (Prestem atenção!) Ela colou uma figura num quadro para nos representar. Depois desenhou um círculo à nossa volta.

– Isto representa todas as coisas com que nos sentimos confortáveis, e a área fora do círculo representa nossa expansão. Então, cada um de vocês tem uma diferente área de conforto e um lugar onde começa a se sentir desconfortável diante da possibilidade de correr riscos.

Minha vizinha já tinha atingido o dela, pensei. Há dias ela tentava ganhar coragem para pegar o microfone, e ainda não dissera uma palavra.

– Então, toda vez que chegar à borda da zona de conforto e começar a se sentir desconfortável, arrisque-se.

Além de abandonar meus hábitos disfuncionais, eu ainda teria que crescer? Aos poucos, parei de ser cínica e comecei a oscilar entre o medo e o entusiasmo. Minha zona de conforto foi ficando cada vez menor, até que me tornei uma mãe descasada que não saía de casa. Eu tinha criado o hábito de raramente ir até o quintal. Literalmente. Como agora eu ia conseguir sair dessa zona e exercitar a coragem? Algumas coisas que eu gostaria de fazer pipocaram na minha cabeça: mudar de casa, conseguir um novo emprego, começar um novo relacionamento. Era um bom começo.

A lição foi assustadoramente clara, mas sempre com humor. Uma noite ela nos contou uma história.

– Durante toda a escola secundária, sempre sonhei em conhecer a Europa. Economizei, economizei, e finalmente chegou o grande dia. Londres seria a primeira parada. Eu estava muito animada. Voei para Londres e, quando cheguei ao hotel, descobri que minha carteira tinha sido roubada. Estava tudo naquela carteira: passaporte, dinheiro, cheques de viagem, seguro, bilhetes aéreos e informações sobre a viagem, tudo. Sentei no chão e chorei. Tive que cancelar a viagem com que sonhara durante tanto tempo. – Ela fez uma pausa e sorriu. – Não recebo nenhuma manifestação de solidariedade? Digam "Ahhhhh".

– Ahhhh! – dissemos.

– Esta é a história de uma vítima. Todos temos alguma. Gostaria que cada um de vocês escolhesse um parceiro e compartilhasse com ele alguma dessas histórias.

Virei-me para uma loira atraente que usava um *blazer* de linho e uma grande quantidade de Chanel nº 5. Seu crachá me informou que sua mãe escolhera o nome de Charlotte-Anne. Ela olhou para mim, transmitindo coragem. Comecei.

– No ano passado, aceitei um inquilino para fazer um favor a um amigo. Ele era ator e estava trabalhando num espetáculo no West End. Meu amigo era o diretor e estava desesperado para encontrar moradia para o ator. Eu disse que podia hospedá-lo por três semanas. Sem problema. Fui legal com ele, mas, quando o ator saiu, alugou uma *van*, roubou tudo o que quis da minha casa e desapareceu. Fui até o teatro me queixar, mas eles me disseram, sem meias palavras, que nada podiam fazer. Meu amigo, o diretor, disse apenas: "Lamento, minha querida". Que tal?

Charlotte-Anne contou sua história.

– Eu estava andando por uma rua em plena luz do dia quando me roubaram um relógio que valia 10 mil libras. Dois sujeitos simplesmente pularam em cima de mim e arrancaram o relógio do meu pulso. Era o relógio de meu falecido pai. Fiquei arrasada.

Demonstrei apropriadamente minha simpatia. Então a americana falou:

– Então, estamos explorando a ideia de ser um pouco mais responsáveis. Agora quero acrescentar à minha história alguns detalhes que não contei. Antes de mais nada, eu sabia que é burrice carregar todo o dinheiro e todos os documentos importantes numa carteira. Mas ignorei a voz interior que me dizia: "Não seja imbecil de colocar tudo isso no mesmo lugar". Esse aviso é o que chamamos de "bandeira vermelha". – Ela colou uma bandeira vermelha no quadro. – Eu levava uma mochila e, quando estava colocando as coisas dentro dela, pensei que não seria uma boa ideia colocar a carteira no bolso de fora. Devia tê-la colocado ao redor da cintura ou no fundo da mochila. Essa foi minha segunda bandeira vermelha. Ignorei-a. Quando cheguei ao metrô de Londres, vi umas dez placas que diziam "Cuidado com os batedores de carteira" e pensei que devia tirar a carteira do bolso externo da mochila. Não fiz isso. – Agora já havia uma fileira de bandeiras vermelhas, pensei. – Finalmente, notei que o vagão estava muito lotado e senti as pessoas me empurrando. Um pensamento me ocorreu: "Seria de fato muito fácil alguém me roubar a carteira aqui". – Quatro bandeiras vermelhas. – E vocês querem saber de uma coisa? Quando cheguei ao hotel e descobri que a carteira tinha sido roubada, fiquei surpresa. – Todos rimos. – Agora gostaria que vocês contassem de novo sua história e acrescentassem os detalhes que deixaram de fora da primeira vez.

Comecei:

– Devo contar que, na verdade, meu amigo diretor não me pediu para hospedar o ator. Eu me ofereci. E o diretor na verdade me contou que ele tinha sido expulso do quarto anterior. Suponho que devia ter percebido isso que ela chama de bandeira vermelha, não é? – Minha parceira concordou que só um cego não a veria. – E, quando me ofereci, na verdade ele me avisou que não conhecia o ator muito bem e não sabia se ele era confiável. Suponho que a verdade é que eu queria impressionar e ajudar o diretor. Quando o cara se mudou para a minha casa e não me pagou o aluguel que tinha sido combinado, imagino que devia ter feito alguma coisa imediatamente. – Agora ela mostrava três dedos. – Sabia que era uma idiotice lhe dar as chaves da casa, mas fiz isso. – Quatro dedos. – E quando viajei naquele fim de semana, exatamente quando o espetáculo terminava, pensei: "Se eu viajar neste fim de semana, ele é bem capaz de fugir e levar alguma coisa minha". Quando ele fez o que fez, foi um choque. Acho que devia ter sido um pouco mais responsável, não é? – Ela concordou, mas imaginei que sua história devia ser diferente.

– Você foi atacada em plena luz do dia, não foi?

– Sim, mas existem alguns detalhes que não contei.

– Existem? – É fascinante.

– Primeiro, eu sabia que não devia usar um relógio tão valioso, tanto do ponto de vista econômico quanto do sentimental. Naquela manhã, minha mãe me advertiu de que ele ficava muito visível na roupa que eu tinha escolhido e chegou a perguntar: "Você realmente quer levar esse relógio?" Portanto, ela acenou uma bandeira vermelha para mim. Eu mesma já sentia um certo desconforto por usá-lo tão ostensivamente, mas ignorei a voz interior. – Ela fez uma pausa. – Acho que não mencionei que a região em que fui atacada é muito pobre e perigosa, não é?

– Não, você não mencionou – respondi, sorrindo.

– Eu disse "em plena luz do dia", mas na verdade estava anoitecendo. Vi os dois homens parados, sem fazer nada e olhando para mim. Achei o jeito deles suspeito e entrei numa confeitaria. Lá dentro, pensei: "Não vá por esta rua. Volte". Mas ignorei o aviso e achei que estava sendo paranoica. – A essa altura eu já tinha perdido a conta do número de bandeiras vermelhas. – Agora percebo que cheguei a pressentir o perigo.

Agradeci a minha vizinha sem relógio e perfumada por ter sido minha parceira. A americana começou a explicar:

– Não estou dizendo que, se vocês forem atropelados, a culpa é sua. Não se trata de culpa. Estou dizendo que devemos ser mais responsáveis e deixar de bancar as vítimas. Precisamos ser responsáveis pela maneira como reagimos ao que nos acontece.

Pensei na minha vida. Não tinha culpa de minha família toda ter morrido. Mas tinha metade da culpa por meu casamento ter fracassado e culpa total de minha agente ter colocado minha ficha na lata de reciclados. A maneira como reagi a tudo isso era responsabilidade minha. Será que fui capaz de reagir de maneira a buscar oportunidades de "aprendizado, elevação e crescimento"? Eram muito espertos os californianos que tinham criado esse seminário.

Então eles prosseguiram para nos mostrar como nos relacionamos com os outros seres humanos. Não sei como vocês se sentem a respeito das outras pessoas, mas eu achava que a grande maioria não passava de um bando de irrecuperáveis. Então houve alguém de quem decidi que gostava imensamente e que queria preservar para sempre. Madre Teresa diz que devemos procurar nos outros "a imagem de Cristo" e amar aquela representação única do divino. Na teoria, tudo bem. Mas existem pessoas que conseguem obscurecer a imagem de Deus quase totalmente. Jamais poderia imaginar que alguém pretendesse me ensinar a olhar com os olhos de Madre Teresa numa sala de hotel no Baelsize Park.

O exercício era simples. Todos tinham que se misturar e, olhando nos olhos dos outros, dizer simplesmente: "A beleza interior que vejo em você é...", completando a frase com a qualidade que fosse possível discernir com um simples olhar. Foi surpreendentemente fácil. Um homem gordo com um nariz esquisito, um caso extremo de mau cheiro, parou à minha frente. Em vez de me permitir pensar "Por que você não faz um pouco de exercício e toma banho com mais frequência?", digo: "A beleza interior que vejo em você é..." e olho bem para ele. Ele evidentemente transbordava de desejo de amar e ser amado. Posso dizer que ele é leal, trabalhador, tem sensibilidade e uma profunda bondade. Então lhe digo tudo isso. Quando digo: "Vejo que você tem um profundo desejo de amar e ser amado", seus olhos se enchem de lágrimas. Ele sabe o que responder. Eles ensinam a resposta porque, normalmente, a resposta seria: "Se você me conhecesse melhor, não diria todas essas coisas boas". Como se conhecer os próprios defeitos anulasse a bondade. Por isso, como só ouviria coisas boas, ele tinha que dizer: "Eu sei".

Caminho pela sala. As pessoas dizem: "A beleza interior que vejo em você é sua imensa energia, seu entusiasmo pela vida, seu amor, sua compaixão", e eu digo: "Eu sei", como se fosse a coisa mais natural do mundo. Fora do seminário, provavelmente eu diria "Obrigada" se alguém me fizesse um elogio. Mas isso implicaria dizer: "Agradeço sua opinião, mas não concordo". Dizer apenas "Eu sei" implica aceitar o que os outros dizem como verdade. Depois que trinta pessoas me disseram que me viam como uma pessoa honesta e calorosa, tive que admitir que talvez isso fosse verdade. Depois de um casamento que se tornou um estudo dos meus fracassos, foi um alívio ouvir tanta coisa boa. De fato, me senti mais honesta e calorosa.

O exercício tinha uma segunda parte. Depois de dizer que beleza interior víamos nos outros, tínhamos que acrescentar "e sinto que você esconde..." Em circunstâncias normais, seria um comentário negativo, mas ali não tinha essa conotação. Caminhei até uma mulher muito rígida que vestia roupas formais. "A beleza interior que vejo em você é seu espírito jovem, e sinto que você mantém as pessoas à distância e usa sua autoridade natural como escudo." A mulher pareceu surpresa. Também nesse caso sabíamos que resposta dar: "Obrigada por se preocupar em me dizer isso". Essa segunda resposta, evidentemente, fora cuidadosamente pensada e significava que minha percepção podia ou não estar certa. Se minha percepção estivesse certa, poderia ser útil para ela. Mas ela não precisava me dizer se eu estava certa ou não.

Então foi a minha vez. Ela me olhou atentamente. "A beleza interior que vejo em você é seu carinho e sua vulnerabilidade", ela começou. "E sinto que a superioridade e a arrogância que você passa, embora sejam fruto de uma genuína confiança, afastam muita gente." Fiquei muda e quase me esqueci da resposta combinada. Uma segunda pessoa me disse: "A beleza interior que sinto em você é sua suavidade, e sinto que você esconde isso por trás de sua segurança". Então as pessoas me achavam arrogante? Será que não conseguiam ver minha vulnerabilidade? Bem, parece que conseguiam, apesar da minha aparência. E eu nem as tinha atordoado com minha incessante tagarelice. Elas tinham visto tudo isso apenas olhando para mim. Realmente, eu não tinha consciência de minha interação com os outros.

Procurar a beleza interior nas pessoas é um truque que pratico na vida diária. Com autoritários antipáticos, por exemplo. Vez ou outra, quando me pego pensando que uma pessoa é arrogante, olho de novo para ela e penso que sua beleza interior é querer ser amada e não saber como conseguir isso. Então, sou gentil com ela, não importa que seu comportamento seja mesquinho. Em geral ela muda instantaneamente e se torna um ser humano. É um bom truque.

À medida que a semana progredia, as pessoas relaxaram e começaram a falar sobre o que era realmente importante para elas. Foi muito comovente, e os lenços começaram a sair das caixas.

– Desde que meu marido morreu, não tenho mais vontade de viver.

– Meu namorado é constantemente infiel, e sei que estou permitindo que isso me destrua. Preciso terminar com ele.

– Odeio meu pai. Sempre o odiei. Mas agora que ele está velho quero perdoá-lo. Só não sei como.

As pessoas começaram a falar coisas que normalmente só diriam a um companheiro ou a um terapeuta. A vantagem é que ninguém está sozinho no consultório do terapeuta. A história de cada um se repete na experiência de outros dentro do grupo. A facilitadora americana parecia ter uma milagrosa capacidade de entender todos os problemas, ir ao foco da questão e fazer as perguntas certas, capazes de ajudar o participante a encontrar o seu caminho. Senti-me privilegiada em observar seu trabalho.

Uma mulher chamada Joan se levantou para dizer que era incapaz de ser amada. A facilitadora perguntou à plateia: "Alguém se sente capaz de amá-la?" Quase todos levantaram a mão. Joan olhou para a plateia timidamente, onde centenas de olhos lhe diziam que ela era muito amável. Um dos maiores perigos da terapia é o paciente pensar que seu sofrimento é único. Naquela sala, essa ilusão não era possível. Depois de dois dias, todos se sentiam em família, sabíamos que nossas lutas eram semelhantes. Eu não sabia nada sobre o trabalho daquelas pessoas, mas sabia o que elas sentiam sobre sua vida. Não era real, porque perdi contato com a maioria delas, mas foi animador ver a empatia que reinava entre todos.

Eles tinham muitos bons jogos. Um dos meus favoritos foi "Peça o que você deseja". Tantas pessoas ficam frustradas no trabalho e nos relacionamentos porque esperam que os outros saibam o que elas desejam. Ficamos chateados quando percebemos que nossos semelhantes não são videntes e não nos entendem. No seminário, eles têm uma maneira maravilhosa de nos mostrar isso. Metade da sala fechou os olhos, enquanto a outra metade escolhia um parceiro. Abri os olhos e vi uma senhora idosa muito sorridente sentada à minha frente. Eu tinha que lhe pedir alguma coisa que desejasse.

– Gostaria que a senhora me falasse sobre sua vida.

– Com todo o prazer – ela disse, e começou a contar sua história. Ouvi, encantada com sua franqueza. Depois fechei os olhos novamente e, quando os abri, vi um rapaz alto, atraente e musculoso à minha frente.

– Quero uma massagem nas costas – eu disse.

– Claro! – Ele sorriu e enfiou os polegares em meus músculos. Foram cinco minutos deliciosos. O rosto seguinte usava terno e parecia um banqueiro.

– Gostaria que você me desse 50 libras – eu disse. Infelizmente, tínhamos sido autorizados a recusar ou negociar se o pedido não nos agradasse.

Por isso, ele disse:

– Não. Não estou preparado para lhe dar tanto, mas lhe dou 10 – ele disse, tirando 10 libras da carteira. E nem me perguntou para que eu queria aquele dinheiro.

Descobri que, na vida, podia pedir o que queria. Sim, era uma excelente ideia. Havia ainda outros exercícios: para saber se assumo riscos, se resisto a aceitar ajuda dos outros, e assim por diante. Numa noite de sábado, tocaram música e nós nos divertimos com brincadeiras infantis. Foi uma festa. É triste ver um tipo executivo que não sabe brincar com os filhos porque esqueceu como se brinca. Ver alguém redescobrir a capacidade de brincar é como presenciar um milagre. Como naquela cena de *Hook – A volta do Capitão Gancho* em que Robin Williams se lembra de que é Peter Pan e reaprende a fingir.

Os tímidos, que nunca iam a festas mas queriam completar o curso, lutaram um bocado. Depois, desistiram da luta e começaram a dançar, como se dissessem: "Se realmente preciso aprender a me divertir, é melhor começar logo". Mais tarde, davam a impressão de terem escalado o Everest. Tinham conseguido uma vitória ao dar um passo – ou, melhor ainda, dançar – fora da zona de conforto.

Naturalmente, alguns ficaram à margem, de braços cruzados e olhos fixos no chão. Ninguém ia obrigá-los a dançar. Mas a essa altura eu tinha a esperança de que eles ao menos percebessem que seu sofrimento era autoimposto. Uma mulher de cadeira de rodas dançou como se quisesse nos dar o exemplo. Estava se divertindo pra valer. Eu me joguei no salão como uma dançarina enlouquecida. Era muito preocupante. Estava fazendo o curso de Fiona e me divertindo.

Nas últimas duas semanas, a resistência terminara, e todos estavam dispostos a aprender. Um dos momentos que nos levou às lágrimas, de tristeza ou de alegria, foi quando eles nos pediram que observássemos nossos sentimentos em relação a nossos pais. É impressionante como alguns adultos se apegam ao ressentimento. No seminário, eles têm uma frase: "Todo mundo faz o melhor que pode com o conhecimento e a consciência que tem". Quando a frase apareceu no quadro, um homem que parecia um comerciante gordo e corado gritou: "Besteira! Minha mãe não me amou da melhor maneira que pôde". As pessoas guardam tanta raiva dos pais! Eu me levantei para falar.

– Gostaria de dizer que para mim isso é verdade. Falando como mãe, por maior que seja o dano que tenha infligido à minha filha, gostaria de dizer que, com o conhecimento e a consciência que tenho, estou fazendo o melhor que posso. Mesmo que esteja lançando as bases para que um psicanalista faça fortuna no futuro, não faço isso de propósito. Será que serei merecedora da sua compaixão e do seu perdão? Espero que sim.

Uma mulher se levantou e disse que, quando era criança, costumava ser trancada num armário, mas que reconhecia que a mãe, uma mulher profundamente traumatizada, copiava o único comportamento que conhecia. Ela nos contou que ficava horas trancada e gritando "Mamãe! Mamãe!" Ela chorou. E nós também.

Pessoas que odiavam seus parentes há anos fizeram as pazes com eles. O perdão deixou de ser uma virtude nobre e se tornou uma experiência. Pensei naqueles que tinham me magoado. Será que meu ex-marido fizera o melhor possível com o conhecimento e a consciência que tinha na época em que me abandonara? Sim. Ele tinha tido a coragem de partir e tentar ser mais feliz. Percebi que tinha tido um bom pensamento sobre meu ex-marido. Aquele seminário era milagroso. Não sei se eles tinham lavado meu cérebro, mas com certeza o tinham clareado. Muito preocupante!

No último dos cinco dias, durante os quais eles tinham conseguido abranger praticamente todos os aspectos da vida, a sorridente americana (pela qual todos estávamos apaixonados) disse: "Vocês agora devem escrever uma carta a seu melhor amigo ou amiga". Aqueles que ficavam em volta da sala, e que eu agora chamava de "voluntários" ou "assistentes", nos entregaram papel e caneta. Hesitei: a quem eu devia escrever? Então a resposta veio, com sotaque californiano: "Naturalmente, a você mesma!"

A mim mesma? Escrever uma carta para mim mesma? A ficha caiu. Será que essa ideia estranha de "amar a si mesma" tinha alguma base na realidade? Devia escrever uma carta elogiosa a mim mesma? Então, por mais ridículo que isso fosse uma semana antes, comecei: "Querida Isabel. Estou escrevendo para lhe dizer que você é uma pessoa muito legal. Na verdade, há muitas coisas em você que admiro. Sua energia, seu amor pela vida e pelas pessoas. Sua bondade. É estimulante conhecer uma pessoa como você. Eu a entendo e reconheço todas as suas boas intenções. Você só precisa manter os olhos abertos. E quero que você saiba que jamais vou abandoná-la (risos)".

Desenhei coraçõezinhos e carinhas sorridentes no envelope e o devolvi a um dos assistentes, que agora distribuíam lenços de papel àqueles que, emocionados pela beleza das próprias palavras, tinham chegado às lágrimas.

Agora que o curso terminara, eu tinha uma centena de novos amigos, todos pessoas incríveis. Não importava que eles tivessem ou não deixado de ser os perdedores desesperançados que eu conhecera no primeiro dia.

Agora tudo tinha acabado. Eu podia voltar para casa e para a velha maneira como via as pessoas. Não queria nem pensar na possibilidade de ser gentil com todo mundo o tempo todo. Seria exaustivo. Já era suficientemente difícil ter que admitir a Fiona que tinha gostado do curso. Telefonei para ela e, entre dentes, consegui dizer: "Aprendi muita coisa, mas não encontrei ninguém com quem quisesse namorar". Claro que eu tinha que me queixar de alguma coisa. "Entendo", ela disse. Foi maldade da minha parte não lhe contar que tinha ficado muito impressionada, mas ela ficou feliz assim mesmo. Pelo menos eu tinha ficado lá a semana toda. Agora, bastava esperar e ver se eu aplicaria o que tinha aprendido.

Quando a carta que escrevi a mim mesma chegou pelo correio, um calor me envolveu enquanto a lia. Não apenas por causa das coisas bonitas que eu tinha dito ou pela lembrança daquelas pessoas, mas também porque percebi que aquele curso tinha me apresentado a mim mesma. Eu tinha sido convertida pelo que se costuma chamar de "autoconhecimento".

Sorri e me perguntei se tinha sofrido lavagem cerebral. Pensar em mim mesma em vez de pensar nos outros seria um ensinamento de alguma seita estranha? Ouvi, vindo do nada, as palavras de Cristo: "O reino de Deus está dentro de você". Pensei que, de alguma maneira que ainda precisava aprofundar, tudo se encaixava.

Fase 2

Tai chi e declínio moral opcional

Vocês provavelmente devem estar pensando que esses cursos não adiantam nada, que tem gente que vive participando de seminários estranhos e sua vida continua na mesma. Sim, é verdade. Mas às vezes pessoas tristes e sem vida ficam tão inspiradas que mudam alguma coisa. Eu mudei.

Vendi a mansão incoerente que minha mãe tinha comprado e na qual eu tinha passado vinte anos e comprei uma caixa de sapatos em Battersea. Foi uma intuição que me colocou na Battersea Park Road. Já que não ia trabalhar como atriz, a produção de tevê era uma solução possível, e persisti com esse plano até conseguir um emprego de pesquisadora de uma série sobre alimentação. Era um começo. Disse ao Adônis americano que eu acabaria como Miss Havisham* e levaria minha paixão por ele para o túmulo se ele não parasse de me telefonar, e acrescentei, com uma coragem que me surpreendeu: "Portanto, por favor, não me telefone mais". Me senti tão afirmativa que até fui ao dentista. Era mudança suficiente para qualquer um. Senti que precisava de outro longo período de estagnação. Era verão, e antevi as alegrias de me tornar uma mulher inútil numas férias dissolutas na França com minha filha, que agora calçava o mesmo número de sapato que eu.

Então, lá estava eu, me sentindo muito convencida e feliz comigo mesma. Meus amigos franceses com os filhos e eu com minha filha nos enfiamos numa caminhonete e partimos para os Pireneus, onde o sol brilhava.

---

* Miss Havisham é personagem de *Grandes esperanças* (1861), romance de Charles Dickens. Solteirona rica, ela mora numa mansão em ruínas com a filha adotiva e é descrita como "a bruxa do lugar". (N. da T.)

Eu já sonhava com baguetes, muito queijo e litros de vinho tinto – uma semana da qual podia me arrepender quando voltasse a Battersea.

Chegamos ao nosso destino, e a pousada era perfeita. A montanha subia de um lado e o vale caía do outro. Era uma paisagem de beleza intocada, com árvores antigas e um velho gordo de cartão-postal em sua bicicleta sorrindo para nós. Um lugar de onde a gente não quer mais ir embora. Mas assim que entramos percebemos que alguma coisa estava errada. Os outros hóspedes tinham uma aparência preocupante. A maioria falava alemão e usava roupas confortáveis e sandálias. Todos ficaram animados quando nos ouviram falar em francês, e os joviais alemães nos deram as boas-vindas ao curso. Curso? Que curso? Eu não estava ali para aprender nada. Por favor, apenas me mostrem onde fica a adega.

Então vi um homem de branco – uma presença linda, segura, ágil e sensível. Ele se aproximou e respondi "sim" antes de ouvir a pergunta. Qualquer que fosse o curso que ele estivesse dando, podia me inscrever. Ele fixou os olhos em mim e sorriu sedutoramente: "Estamos con un prrrobleme e possiblement você possa nos ajudarrr [leiam isso como um forte sotaque francês]. Esta semana estou dando um curso de *tai chi* multilíngue. Ensinamos em alemão e depois em francês. Alguns dos que falam francês não vieram. Podemos lhe oferecer o curso *gratuitamente*. Gostaria de nos ajudar?" A filha bufou, mas a mãe parecia propensa a aceitar.

Vocês recusariam um curso de *tai chi* grátis? Eu estava disposta a associar meu corpo a essa minha viagem? Na verdade, não. Eu ficaria muito feliz de passar o tempo lendo um livro sobre espiritualidade e acumulando celulite. A expressão "corpo, mente e espírito" sempre me assustou. Será que eu tinha que entrar em forma para chegar à iluminação?

O francês disse que "o corpo é muito importante" e, antes que eu me desse conta do que estava acontecendo, tinha assinado uma folha de papel escrita em alemão. Às 6 horas da manhã do dia seguinte (lembrem-se de que eu estava de férias!), me vi numa fila para os chuveiros de água quente para chegar pontualmente à primeira sessão de meditação às 6h30. Alguém estava cantando. Vocês não acham muito desagradável essa gente que acorda alegre de manhã? *"La vie est belle"*, ele cantava. Descobri que tinha deixado meu sabonete em Londres.

Vocês já tentaram se sentar no chão, imóveis, por meia hora? Esqueçam a posição de lótus e qualquer posição de pernas cruzadas. Aqui estou eu, que ainda não completei 40 anos, e não consigo encontrar uma posição sem que meu corpo reclame depois de dez minutos.

Deveria estar pensando na respiração. Estar consciente do ar que entra e sai pelas narinas. Mas na verdade estou pensando: "Ai, minhas costas [pernas, joelhos, bumbum e tudo o mais] estão doendo!" Percebo que meu corpo está um trapo e totalmente fora de minha área de amor ou preocupação. Meus músculos estão tão tensos que não consigo tocar os dedos dos pés. Não tenho força nem flexibilidade. Devo estar sofrendo de envelhecimento precoce, porque ninguém na sala parece ter dificuldade de se sentar imóvel. Olho em volta: rostos serenos em total tranquilidade. O mestre parece flutuar a centímetros do chão. Será que estou vendo um anel de luz à sua volta?

Depois do que me pareceram cinco horas, a meditação de meia hora chegou ao fim e o mestre voltou à terra. Então, saltou como uma gazela e começamos a "acordar o corpo" – pulando e dando tapinhas nele todo. Ele já tinha passado dos 50 e parecia ter uma energia infinita. Meus níveis de energia estavam em choque, e eu só sentia uma vontade incontrolável de voltar para a cama. Então ele começou a dançar, e todos na sala o imitaram como se estivessem numa balada. Dei uma olhada no relógio: ainda não eram 7h30.

Finalmente, o café da manhã. Ah, as alegrias da comida francesa! O que eles fazem com o pão? Juro que o pão francês nunca é tão bom na Inglaterra, nem mesmo numa padaria francesa. E o café! Geleia com pedaços de *framboise* para passar no pão, e ameixas que acabaram de ser colhidas.

Aí o dia começa oficialmente. Todos os leitores que já sabem alguma coisa sobre o *tai chi* podem parar de ler e pular para o capítulo seguinte. Eu lutava para entender o que estava acontecendo em alemão traduzido para o francês. Portanto, perdi uma boa parte do curso. Aqueles que sabem menos do que eu permitam que eu lhes ensine alguma coisa.

Segundo a medicina tradicional chinesa, o *chi*, que podemos chamar de força vital, flui pelo corpo ao longo de canais específicos. Quase todos os sábios chineses acima de 60 anos passaram anos estudando como isso acontece, e os mais sábios aprendem inclusive a colocar agulhas nos pontos do corpo onde a energia foi bloqueada. A prática do *tai chi* ajuda a energia a circular pelo corpo. Acho que *t'ai* quer dizer "caminho". Ou talvez seja *tao*.

Sempre pensei no *tai chi* como um monte de chineses fazendo exercício de manhã num parque de Xangai. Não exatamente Jane Fonda, mas um tipo de exercício infinitamente mais gracioso, com benefícios comprovados, como baixar a pressão arterial.

Todos os dias, depois do café da manhã, praticávamos as posições engraçadas até a hora do almoço. Dê um passo à frente, colocando 70 por cento do seu peso na perna da frente. Levante levemente a perna de trás sem transferir o peso do corpo. Estenda os braços acima da cabeça como se apoiasse duas pequenas nuvens e concentre-se no relaxamento. Apoie-se numa perna como um avestruz e tente não se aborrecer se você for a única pessoa na sala que não consegue manter a posição sem tremer.

É mágico. Nenhum dos passos é cansativo. Numa sequência de movimentos que dura cerca de vinte minutos, raramente precisamos tirar um pé do chão. É muito mais suave que a ioga. Quando eu fazia uma aula de ioga na academia, não conseguia me mexer por uns dois dias. Naturalmente, eu não conhecia nenhum dos movimentos e fui obrigada a copiar os outros. Uma manhã, em vez de me sentir cansada, me senti maravilhosa e com mais energia do que antes de começar. Eu levava a vida em duas velocidades: "a todo vapor" ou "parada". Agora estava aprendendo a diminuir o ritmo. A própria lentidão dos movimentos, assim como a concentração necessária para aperfeiçoá-los, ajuda a focar a mente e ao mesmo tempo acalma a energia no corpo.

Mas é mais que isso. No *tai chi*, ver não é crer. Nosso mestre nos ensina que esse *chi* não corre apenas pelo nosso corpo, mas está presente também na terra e no céu. *Chi* é tudo.

Os velhos aposentados não estão apenas se movimentando – estão jogando com a energia invisível, que podem sentir dentro e fora do corpo. Pensamos que ela não está lá porque não a vemos. Se alguém fica perto de alguém – "em seu espaço", podemos dizer –, existe uma energia que não é apenas calor corporal. É mais do que isso. A eletricidade só podemos sentir; a luz não podemos ver totalmente, mas sabemos que ela está ali; a vida não podemos explicar, mas temos total certeza de sua existência.

Para demonstrar isso, foi planejada uma expedição. Não devíamos falar – nossa única instrução o dia todo foi "*gardez le silence*!" – e fomos vendados. Alguns mantinham os olhos abertos para nos guiar a seguir as orientações não verbais do mestre. Coloquei a venda com todo o prazer. Acho que sua intenção era sintonizar nossa intuição e nossa sensibilidade, para que pudéssemos ter consciência da energia da vida, o *chi* que existe em tudo.

Pais, tomem nota! Coloquem uma venda em seus filhos e levem--nos até a natureza. É muito divertido. Andei por um bosque sem vê-lo. Nunca houve uma terra encantada como aquela. Nós, que fomos abençoados com a visão, quase não percebemos nossos outros dons. Eu já tinha tocado a terra seca? Já tinha sentido o cheiro do musgo? E as maravilhosas texturas que nunca tinha sentido? Um galho pontiagudo. Uma pedra fria e redonda. Uma fenda na cortiça. De joelhos, eu estendia a mão para ver o que meus dedos descobririam em seguida. Uma variedade infinita. O francês me entregou um tronco que parecia ter orelhas. Eu o acariciei, fascinada com a maciez, incapaz de descobrir o que estava segurando.

À nossa volta, ouvíamos os sons da mata no verão. Cessei a tagarelice dentro da cabeça para poder ouvir o som da vida. Talvez os passarinhos cantem em Battersea, mas juro que nunca os ouvi. Quantas riquezas temos nesta terra, e parecia que meus ouvidos só funcionavam com os olhos fechados. Então tive consciência do som de uma minúscula cascata. Cheguei mais perto, lentamente, erguendo as mãos para recolher os pingos gelados, e depois me sentei para ouvir o som da delicadeza. Era isso. Eu tinha entendido.

Então chegou o momento da lição seguinte. Remover a venda. Ver! Tente ficar em meio à natureza por três horas com os olhos fechados e depois simplesmente abri-los. Não é outra realidade? Eu ainda segurava o tronco no qual cresciam fungos macios em forma de orelhas. Olhei para eles com o olhar de uma criança e, com o canto dos olhos, vi o francês rindo. Olhei à minha volta. Eu já tinha visto árvores antes? Será que alguém tinha pintado as flores? O céu exibia a cor que tinha nos verões da minha infância. As maravilhas estavam por toda parte.

Ele nos levou até um rio e entrou na água. A corrente era forte. Nós o vimos concentrar-se para não perder o pé. Os rechonchudos alemães entraram no rio atrás dele com seus *shorts* ridículos, mas eu estava preparada e tinha produzido um traje de banho. Me atirei na água alegremente e caminhei com a mochila acima da cabeça, chapinhando na água gelada. Quando senti as pernas dormentes, saí da água e comecei a pular, não sei se para me revigorar ou para namorar uma pneumonia. Eu era a única que trouxera um traje de banho, e os outros me olhavam com inveja. O francês estava rindo de novo para mim, feliz com o meu contentamento.

Ele nos levou a um campo e se sentou, deixando que nos divertíssemos. Eu não tinha conseguido me comunicar direito com os alemães porque tinha que escolher as palavras. Agora, sem palavras, tinha ficado fácil. Nos divertimos com brincadeiras infantis. Alguns até praticaram os movimentos do *tai chi*. Era fácil entender como crianças de diferentes países podem brincar juntas. Podíamos nos divertir mesmo sendo adultos.

Antes de partir, ele nos convidou a passar em revista mentalmente as imagens do dia. Um velho bangalô com teto baixo que afundara no meio. Um portão enferrujado que rangia quando era aberto. Um cão acorrentado que latia sem parar. Fomos convidados a pensar nas imagens que gostaríamos de registrar para os sonhos daquela noite. Era mais barato e mais fácil do que carregar uma filmadora. Olhei em volta e vi a água se fraturando em faixas de luz quando dançava sobre as rochas no rio. Sim, essa era uma imagem que eu gostaria de filmar. Um pneu velho descendo o rio. Corta. Nada de documentário realista.

Finalmente voltamos à pousada. Um dia glorioso de silêncio. Nada de inúteis gentilezas em francês, alemão ou qualquer outra língua. Apenas os pássaros falando conosco e nosso mestre de fala mansa. Chegamos, partimos o pão, comemos, fomos para a cama e dormimos como crianças.

Vez ou outra, durante a semana, percebia minha filha dobrando-se de rir ao ver a mãe tentando aperfeiçoar o movimento de "mover as mãos como nuvens". Um dia, tivemos que imitar animais, e até hoje ela faz uma imitação bastante razoável não de um urso, mas da mãe se movimentando pesadamente e rosnando. As amigas que tinham vindo comigo também participavam do curso, mas os maridos não. À noite, nós nos reuníamos todos e nos sentávamos ao ar livre, bebendo litros de vinho. Para minha surpresa, o mestre não desaparecia para meditar. Pelo contrário, bebia mais vinho do que qualquer um de nós. Adoro os franceses. Depois íamos cambaleando para a cama para aproveitar algumas horas de sono antes da fila matinal do chuveiro.

Aposto que vocês vão dizer que a meditação de pernas cruzadas se tornou uma brincadeira e que deixei de tomar café. A meditação ficou pior e só o café melhorou. Mas outro milagre aconteceu. Agora eu estava disposta a seguir o francês até o fim do mundo e lhe entregar meu corpo, minha vida, minha alma e qualquer outra coisa que ele quisesse.

Na última manhã, nós o seguimos até uma clareira na floresta. Devíamos trabalhar com um parceiro, de modo que caminhei na direção dele, pensando: "Vou impressioná-lo. Sou bailarina formada. Serei brilhante". Ele se virou para mim e colocou os pés firmes no chão. "Tente me derrubar", ele disse. "Trata-se de energia e *équilibre.*" Claro. Duas horas depois, um mestre risonho e uma inglesa exausta. "Você precisa conhecer o seu centro." Então, ele balança os braços no ar como se recolhesse tufos de grama, movimenta as mãos como se construísse uma forma invisível e joga com o ar. Passa essa forma invisível de uma mão para outra e depois para mim. A bola não está lá. Apenas posso senti-la. É verdade, juro. Senti uma bola de energia, não foi imaginação. Senti o ar tocar meus dedos intensamente como sinto as teclas do teclado agora.

Enquanto jogávamos com a bola invisível, o céu se abriu e a chuva caiu. As pessoas correram para a pousada, mas eu me demorei. Queria ver se o mestre me notaria. Ele não perdia nada, e, quando todos já estavam fora de vista, começou a caminhar ao meu lado. A chuva morna caía sobre nós em linhas retas. Eu parecia uma garota de calendário com a camiseta molhada, e ele estava apreciando o efeito. Ele era tão atraente! Quando é que um francês deixaria uma coisa tão insignificante como uma chuva torrencial atrapalhar um romance? "Use tudo para seu aprendizado, elevação, crescimento e oportunidade", lembram-se?

Ele colocou sua mochila no chão e me puxou para me beijar. Para ser justa comigo, devo dizer que não hesitei uma fração de segundo antes de corresponder ao beijo. Ficamos ali, sob a chuva, nos beijando como adolescentes apaixonados. Depois voltamos para a pousada. Ele tirou uma foto minha parecendo um rato afogado. Minha filha apareceu e me informou:

– Mãe, sua camiseta está totalmente transparente, você sabia?

Evitei dizer: "Sim, querida, e é por isso que ele está tirando a foto". Em vez disso, banquei a filha obediente:

– Não se preocupe. Já vou trocar de roupa.

À noite, todos contavam piadas. Os tradutores faziam hora extra e os bem-educados riam duas vezes. Um dos franceses tinha um acordeão e um repertório aparentemente infinito de canções. Na última noite, um alemão sessentão caminhou até mim como Yul Brynner em *O rei e eu* e se curvou: "Valsa?" Respondi com uma reverência. Eu sabia que dez anos numa escola de teatro seriam úteis algum dia. Ele me fez girar pela sala duas horas seguidas. Existe algo mágico na valsa. Na vida real, os homens muitas vezes não sabem assumir a liderança, mas, vez ou outra, no salão de dança, é possível encontrar um que saiba o que fazer. Tudo o que eu tinha que fazer era me deixar levar. Foi pura felicidade.

Enquanto dançava, eu olhava sonhadoramente para o francês e para a quase tangível barreira "nem pense nisso" que parecia ter se erguido à volta dele. Com certeza ele não beijara todas as mulheres na chuva. Certamente devia estar apaixonado por mim, não acham? Comecei a fantasiar as opções disponíveis. Talvez eu pudesse bater à sua porta no meio da noite e, sem palavras, ele me atrairia para uma noite de paixão. Mas talvez ele balançasse a cabeça e dissesse: *"Mais non!"*, o que faria eu me sentir humilhada e ridícula no dia seguinte. Eu podia ir ver o que aconteceria – afinal, contato corporal e sono são sempre uma possibilidade.

Onde tinham ido parar os princípios que eu gostava de pensar que tinha? Eu não sabia nada sobre ele. Ele podia ser casado, viver com alguém, ter uma companheira há anos. Eu não tinha perguntado. Nem ele. Por que isso parecia ter tão pouca importância? Imaginei que ele estivesse totalmente livre para fazer o que quisesse. Será que ele tinha uma amante em cada curso? Seus olhos encontraram os meus por cima da mesa e tentei desesperadamente entender o que eles diziam. Meus joelhos fraquejaram e não consegui lembrar como se diz "um frio na barriga" em francês. Dei de ombros delicadamente, tentando indicar confusão.

– Aceita *encore du vin rouge*? – Ele encheu minha taça. Devia ser um código para "Gostaria de dormir comigo esta noite?" Sim, ele estava louco por mim. Talvez estivesse pensando em aparecer sob a minha janela, como Gérard Depardieu em *Cyrano de Bergerac,* para me seduzir.

Eu tivera outros namorados e parceiros sexuais desde que o homem de chinelos tinha partido arrastando os pés, mas nenhum que pudesse chamar de "amor". Aquela me pareceu a oportunidade ideal para o declínio moral. Comecei a justificar minhas fantasias. Qualquer que fosse o significado de "amor", eu tinha muito por aquele homem. Adorava seu trabalho, a maneira como ele me olhava, a maneira como se movia, sua conversa. Difícil era sentir tudo isso e não se apegar. Apesar de apreciar minha presença a semana toda, ele não tinha "se amarrado" (em francês, forma verbal reflexiva). Seria esse "desapego" uma maneira de curtir as mulheres sem complicar a sua vida?

É muito possível que vocês estejam pensando que eu me preocupava sem razão, já que ele era francês. Mas seria correto dar em cima dele?

Seria prudente? Afinal, eu estava aprendendo a viver o momento presente. Podia curtir estar com ele e só? Nunca tinha vivido uma experiência de uma noite só. Essa seria eu? Quem eu era?

Acho que fiquei lá fora para fornecer alimento aos mosquitos. Todos já tinham ido dormir. Será que eu tinha sido hipnotizada pelo cheiro dos cigarros franceses e pelo canto noturno dos grilos? Ou podia pôr a culpa nas garrafas vazias de vinho tinto e em minha vontade de contribuir para os lucros dos vinhedos locais? Não consegui pensar em mais nenhuma justificativa. Decidi interpretar o sorriso como um convite.

Foi um prazer subir aquela *escalier* rangente. Meu coração batia selvagemente quando bati na porta, bem baixinho. Nenhuma resposta. Talvez ele estivesse fora do quarto, procurando por mim. Ouvi passos atrás de mim e pulei para o lado, tentando fingir que estava apenas passando por ali no meio da noite. O alemão valsista sorriu para mim.

– Você viu minha filha? – perguntei, assumindo o papel de mãe preocupada.

– *Nein.*

– Ah, *danke. Gutten nacht* – murmurei, com minha impressionante habilidade linguística. Ele seguiu seu caminho em seu pijama verde. Acho que nem chegou a cogitar no que eu estava fazendo ali. Provavelmente, nem perceberia se eu estivesse nua.

Nenhum som no quarto do francês. Bati de novo. Meu coração oscilou entre o medo e a excitação. Era evidente que ele não estava esperando por mim ou passando loção pós-barba atrás das orelhas. Nada de resposta. Saco! Odeio isso nos filmes. Não devia ser um momento romântico? Então me lembrei de que era filha única e tinha me acostumado a conseguir o que queria.

Agarrei a maçaneta. Ela girou. Então era isso: ele tinha deixado a porta destrancada para mim. Abri a porta com um rangido que podia ter acordado a pousada inteira. Não acordou. Nem o francês. Ouvi um ronco vindo da cama. Uma cabeça pendeu num ângulo nada atraente, e a luz da lua revelou pelos crescendo para fora das narinas. Ele grunhiu e virou para o outro lado. Entrei em pânico. O que estava fazendo no quarto de um estranho?

Dois milésimos de segundo depois, eu estava no meu quarto, a dois andares de distância. Uma onda de contrariedade, raiva, arrependimento, autopiedade, humilhação, alegria e alívio me invadiu. Deitei na cama e analisei meus sentimentos um por um. Lembrei da canção que ouvi num filme cheio de roupas lindas, carros elegantes e tiros de revólver. *"You must remember this. A kiss is just a kiss..."*,* cantei para mim mesma no meio da noite. Eu era um clichê. Tinha me apaixonado pelo mestre e por pouco não fiz papel de boba.

Na manhã seguinte, tive que dizer adeus. Entrei na fila e fui abraçada como todo mundo. Tive a impressão de que comigo o abraço durou um pouco mais. Mas posso ter imaginado isso. Droga! Por que não podia levá-lo para casa dentro da mala? Tenho certeza que há falta de professores de *tai chi* na Battersea Park Road. E espaço na minha cama. Uma das coisas que aprendi naquela semana era um clássico do budismo: que o apego é inútil. Do momento em que conhecemos alguém que amamos, a separação é inevitável, cedo ou tarde. Eu desejava lhe dizer: "Advinha o que fiz na noite passada?" Mas não disse.

O que ele teria feito se eu lhe contasse? Ele devia ser casado. Será que eu devia me sentir culpada? Aceitar um beijo é uma coisa, mas aparecer sem ser convidada no quarto de um homem que mal se conhece definitivamente é outra muito diferente. Decidi me poupar da lição de moral.

Ele nos tinha dado a terra e o céu de presente, e eu estava grata a ele por isso. Tinha andado todos esse anos pelo mundo como se ele fosse apenas um cenário pintado. Agora eu sabia que queria dar liberdade em meus relacionamentos. Não queria prender ninguém, nem ser presa. Queria amar incondicionalmente, sem exigências ou expectativas.

Resumindo: o desapego é uma boa lição. Nos ajuda a aproveitar o tempo que passamos com aqueles que amamos. Se alguma de vocês estiver casada com um homem que fica muito tempo diante da tevê, conforme-se. E se você tem um relacionamento maravilhoso, não perca tempo: vá beijá-lo agora mesmo, porque tudo passa. Há quem diga que levar a vida como se ela fosse durar para sempre é a maior pretensão humana.

Eu tinha a intenção de continuar aprendendo *tai chi*. Finalmente, conseguia fazer os primeiros trinta segundos desses estranhos e maravilhosos movimentos. Queria aprender mais. Queria aprender a meditar e repou-

---

* "Você precisa se lembrar disso. Um beijo é só um beijo...", versos da famosa canção "As time goes by", do filme *Casablanca*. (N. da T.)

sar dentro do corpo. Queria ter uma infinita energia perfeitamente sintonizada com cada momento. Queria me tornar mestra e conseguir jogar homens com o dobro do meu tamanho no chão sem esforço. Mas então o avião pousou.

Voltei das férias na França sem um grama extra de celulite. E com uma pitada de alemão para acrescentar ao meu precário francês. Tinha comprado *bordeaux* tinto suficiente para duvidar se devia passar pela porta do "nada a declarar" tentando parecer espiritualizada.

Eu ia precisar do vinho. Tinha aceitado trabalhar numa série de tevê sobre moda. Teria que me vestir com roupas de estilo e chamar todo mundo de "querido" ou "fofa". Ia trabalhar demais, sem tempo para pensar, iria a um *pub* no fim do dia, acordaria de ressaca, beberia muito café e sonharia com franceses e americanos. Estaria de volta à vida normal.

Fase 3

A sabedoria das irmãs

O anúncio da aula local de *tai chi* era desanimador. Passar uma noite de sexta-feira no salão da igreja com o mestre Doug Smith não tinha o romantismo das montanhas. No fim de uma semana de trabalho no Canal 4, eu estava exausta. Além disso, chovia. Não fui. Nas noites de sexta, eu desmoronava no *pub*, como todo mundo. Uma série de tevê mais tarde, eu estava altamente estressada. Os meses de vida real na série *Absolutely fabulous* começavam a me cobrar um preço. Parecia que eu tinha passado seis meses percorrendo o caminho da iluminação na direção errada. Fazer programas de tevê é bom para a conta bancária, mas, para quem quer ser feliz e estar em paz consigo mesmo, não recomendo uma carreira na mídia. Faz-se necessária uma zona radical de recuperação.

"Por que não um retiro?", sugeriu meu amigo Christian. Esse amigo, um roteirista de cinema, tinha o costume de escapar da mulher e dos filhos para passar um fim de semana com os monges. Passar um tempo com uns sujeitos carecas que vestiam "um atraente hábito preto acima do tornozelo" parecia absurdo. Ele me garantiu que não era.

No meu caso, ele aconselhava um fim de semana com as freiras. Só assim eu me concentraria na minha vida espiritual em vez de me entregar a fantasias de seduzir o monge mais bonito do mosteiro. Eu achava que precisava unir minha vida sexual e minha vida espiritual. Mas parecia que não seria naquela semana. Pena. Portanto, rumo a um convento.

Tomei um trem para Oxford para pensar no lugar que a religião ocupava na minha vida. Minha mãe era uma ateia convicta, e eu poderia ter me tornado uma descrente se um dia não tivesse entrado numa igreja. Foi na época em que eu era atriz e vivia em pecado com o homem de chinelos.

Pensei em me sentar e desfrutar a paz da igreja por algum tempo, mas, na saída, topei com uma tela de vídeo que prometia a história do edifício. Sempre aberta à cultura, apertei o botão *play* e fui informada: "Somos mil pessoas aqui pela manhã e outras mil à noite". Uma igreja cheia de gente?

Ali estava uma oportunidade de ter algo importante sobre o que falar com o homem da casa. Raciocinei que questões como "Deus existe?" e "Existe vida depois da morte?" seriam mais interessantes do que o jogo de críquete.

Eu nunca tinha ido a uma igreja, mas achei que eles podiam ter alguma coisa a dizer sobre a natureza da realidade. Talvez Deus existisse.

Corri para casa num estado de grande excitação, sem lembrar que o homem da casa estava mais interessado numa sacola de supermercado cheia de comida do que numa cabeça cheia de entusiasmo.

– Tem alguma coisa para comer? – ele perguntou, cheio de esperança, assim que cheguei.

– Não, mas devemos ir à igreja neste domingo!

– Não acredito em Deus e não sou religioso – ele disse, sendo bastante razoável.

– Nem eu. Mas achei que seria fascinante...

No domingo seguinte, lá estávamos nós, ouvindo um pregador charmoso, bonito e talentoso fazer um sermão divertido e, mais assustador ainda, relevante para a vida. Havia alguma coisa muito convidativa no personagem de Cristo. Fiquei encantada. Ali havia pessoas articuladas, inteligentes, interessadas em ideias, na vida e na verdade. O homem de chinelos estava preocupado comigo. Será que eu estava me tornando "religiosa"? E ele seria capaz de lidar com essa fase mais recente da minha insanidade?

Decidi voltar. Devia haver um argumento para o ateísmo apático. Lembro de ter feito uma objeção sobre a criação e a evolução, entrando numa área na qual, eu acreditava, qualquer ensinamento cristão estava evidentemente errado. "Você está se referindo ao *Homo sapiens* ou ao *Australopithecus*?", perguntou o sorridente pastor, que, fiquei sabendo depois, era formado em antropologia. Percebi que precisava estudar. Algum de vocês já tentou contestar o cristianismo? Boa sorte se algum dia o fizer, e Deus abençoe o seu esforço. Por acaso eu tinha lido C. S. Lewis. Grande erro. Durante seis meses eu lutei, e, quanto mais me opunha aos insuportavelmente simpáticos e bem-educados cristãos, mais terreno eu perdia. Foi em vão. Tive que admitir que provavelmente Deus existia.

Naturalmente, vocês que estão de fora vão me lembrar que eu estava em menor número. Mas pelo menos tinha encontrado alguma coisa com a qual esperava sacudir o homem da casa de seu "contentamento". Ele teria que concordar que, para citar o Bardo, "há mais coisas entre o céu e a terra do que sonha a nossa vã filosofia". Portanto, como todos os bons evangélicos – o que eu tinha me tornado involuntariamente –, convidei Deus a entrar na minha vida, admitindo que não tinha feito um bom trabalho até então e que, se Ele quisesse assumir o controle, as coisas só podiam melhorar.

E melhoraram. Aos meus olhos, o mundo mudou. As estrelas brilhavam no céu em vez de apenas ficarem penduradas lá em cima. O mar era majestoso, e não mais apenas molhado. Esse "amor" estava em toda parte à minha volta e sorria no rosto dos estranhos. Foi aí que meu "caminho" realmente começou. Nada mais foi igual desde então.

Mas logo descobri que havia uma armadilha. Eu tinha me convertido a uma religião que exigia o fiel cumprimento da palavra da Bíblia – como eles a entendiam. E, na forma como a entendiam, diziam: "Não faça sexo fora do casamento". Fiquei confusa. Não encontrei em lugar nenhum, em nenhuma versão da Bíblia, uma passagem em que Cristo dissesse: "Vim para dizer a você que não deve fazer sexo com seu namorado". Entretanto, eu tinha sido fisgada e estava imbuída dos mais altos ideais. Queria "seguir Cristo" com todo o coração, a alma e, se necessário, o corpo. Isso significava fazer o que eles mandavam. Ninguém pode acusá-los de não mudar a vida das pessoas.

Um dia cheguei em casa e disse: "Aceitei um trabalho numa companhia de teatro itinerante e por isso vou ficar longe de casa alguns meses. Então gostaria que a gente se casasse ou se separasse". Tenho vergonha de admitir, mas foi a esse ponto que meu idealismo fundamentalista e lunático me levou: dar ao homem que me amava um ultimato do tipo "nada de sexo até o casamento". Finalmente, tinha chamado a atenção do homem de chinelos.

Acho que não tinha explicado a vocês por que ele se casou comigo. É interessante o que os contadores de histórias são tentados a deixar de fora. Mas, olhando para trás enquanto o trem para Oxford se sacudia e o chá se derramava do copo de isopor, descobri que não me arrependia da nada.

Meu entusiasmo evangélico durou dois anos. Então decidi que os evangélicos eram demais, mesmo para mim. Por isso, mudei para a igreja anglicana local, com seus tradicionais bancos vazios. Amava o doce pároco velhinho e as boas pessoas do seu rebanho. Todos nós lutávamos para viver da melhor maneira, mas, lenta e definitivamente, como todos os bons membros da Igreja da Inglaterra, deixei de ir. Não que eu tenha deixado de acreditar – mas em que exatamente eu acreditava? E como me vi a caminho de um convento?

Não sei o que vocês esperam encontrar ao visitar um convento. Com certeza, não um ambiente cheio de risadas. Eu esperava encontrar um monte de senhoras infelizes, com coisas valiosas a dizer num tom de voz do tipo "Deus a abençoe, minha filha". Não tinha certeza se queria isso. Quando telefonei, elas me perguntaram que tipo de retiro de fim de semana eu queria. Escolhi um "retiro silencioso guiado de dois dias".

Isso significava que eu estaria com uma irmã por meia hora pela manhã e depois do almoço, e ficaria em silêncio o resto do dia. Tinha gostado do silêncio na França e suspeitava que qualquer experiência espiritual verdadeira devia incluir silêncio e quietude. Mas nunca conversara com uma freira. Não imaginava o que poderíamos ter em comum ou sobre o que poderíamos conversar. Fiquei um pouco assustada, mas então me lembrei das ideias do seminário da percepção sobre zona de conforto e de usar tudo para o meu aprendizado e crescimento. Tinha colocado um livro na mala e esperava ter um fim de semana de repouso. Poderia ignorar o barulhinho das contas do rosário e a sexualidade reprimida, e, se tudo o mais falhasse, ia dormir muito.

Saí do trem e tomei um táxi, cheia de apreensão. Quando cheguei à Comunidade Anglicana da Virgem Maria, já estava convencida de que tinha ido longe demais. Foi então que uma cabeça ruiva sorridente bateu na janela do táxi.

– Oi, sou a irmã Emma. Fez boa viagem? – Tomando minha mala, ela disparou à minha frente, enquanto explicava rapidamente: – O jantar é feito em silêncio, e você está um pouco atrasada. Espero que não ache estranho o fato de não conversarmos às refeições. A irmã Alison virá falar com você depois do jantar. – Devia haver um engano. Todo mundo sabe que ruivas sorridentes na casa dos 20 anos não entram para um convento. Eu me perguntava como poderia salvá-la. Ela parecia tão gentil, tão normal! Teria que convencê-la a ir embora comigo no domingo.

Ela passou por uma grande porta de madeira e percorreu um corredor. Todas as portas tinham placas: "Lavanderia", "Biblioteca", "Escritório da irmã Helen". Era assustadoramente silencioso, mas a calefação parecia estar funcionando. Chegamos ao refeitório, e percebi que teria que alugar um micro-ônibus para resgatar metade da congregação. Havia algumas irmãs velhinhas e recurvadas, como eu imaginara que seriam as freiras, mas as outras eram quase todas jovens. Havia também algumas noviças (até eu sabia que as noviças usavam um véu branco), seis delas jovens, bonitas e sem pelos no rosto.

Eu me sentei com todo o cuidado. A comida era vegetariana, e, graças ao silêncio, pude observar o que estava pondo na boca. A irmã com quem eu falara ao telefone tinha dito que os vegetais eram todos orgânicos, que as irmãs cultivavam na horta do convento sem pesticidas. A refeição era deliciosa e bem-preparada, e eu me perguntei como isso era possível se não havia nenhum chefe de cozinha premiado à vista. Eram mais de cem pessoas comento juntas, devagar e sem falar. Era uma experiência nova ter tempo de saborear o alimento. Não ia ter que sair correndo para um compromisso ou para assistir a algum documentário de tevê por obrigação profissional. A torta de maçã e o creme de ovos estavam tão perfeitos que eu me perguntei se Deus estaria me convidando a permanecer ali para sempre. A refeição terminou. Rezamos uma prece de agradecimento, e uma jovem irmã loura me fez um sinal da porta.

– Esta é a irmã Alison – disse a loira, indicando uma freira cujo rosto transmitia infinita sabedoria e paciência.

– Seja bem-vinda – disse o rosto. – Você gostaria de estabelecer um programa para o fim de semana ou prefere que eu lhe sugira um? – Preferi que ela sugerisse. – Nesse caso, sugiro que você tome um banho quente e vá dormir. Nos veremos depois do café da manhã. Se precisar de alguma coisa, peça à irmã que cuida da sua ala. Boa noite.

Olhei o relógio. Eram 9 da noite. Fui dormir às 9h30, acho que pela primeira vez em vinte anos. Devia estar exausta e não percebi. Quando acordei, o relógio indicava 6 horas, mas eu me sentia surpreendentemente animada. Desci para assistir ao serviço religioso matinal na capela, onde encontrei uma centena de freiras que pareciam estar acordadas há horas. Elas cantavam, e que som etéreo elas produziam! Algum de vocês já tentou cantar às 6 da manhã? Todo mundo sabe que não é possível, o que prova que elas eram de fato anjos. A capela era linda. O sol da manhã brilhava através dos vitrais acima do altar. Havia flores por toda parte. Os bancos de madeira cintilavam depois de anos de polimento, e um perfume sutil de incenso enchia o ar.

Rostos suaves recitavam um poema escrito por um rei judeu há mais de duzentos anos: "Como o cervo anseia pelas correntes das águas, / Assim minh'alma anseia por ti, ó Deus".

Sentei-me, humilde diante de tanta beleza. Por que haveria de salvar a irmã ruiva? Para onde eu a levaria? Para trabalhar numa "importante" emissora de tevê na Oxford Street? Então chegou a hora do café da manhã – silencioso – com iogurte caseiro e mel extraído da colmeia do convento. Em seguida, o encontro com a irmã Alison, numa pequena sala mobiliada com uma mesa baixa e duas cadeiras. Ela sorriu e esperou que eu falasse.

– Ando pensando se Deus realmente existe ou não passa de um conceito útil – arrisquei, determinada a ser honesta. Eu tinha um sentimento irracional e perverso, adquirido de minha fase evangélica, de que Deus era mais do que uma opinião subjetiva, mas achei que devia lhe mostrar como me sinto nos maus dias. Imaginava que ela já tivesse ouvido isso. Ela sorriu.

– Pegue este livro e experimente este exercício. Nos encontraremos às 14 horas, e você me dirá como se sente. Não se esqueça de fazer uma pausa para o café e, se tiver tempo, dê um passeio pelo jardim. Mas não fale com ninguém. Passe o tempo com seus pensamentos. A verdadeira jornada, Isabel, é com você mesma.

Ótimo. Ia ser moleza. Um pequeno "exercício" e um passeio pelo jardim.

"Imagine que alguém esculpiu um estátua de você", dizia o livro. "Você é convidada a vê-la antes que seja desvelada. Portanto, entre na sala e retire o lençol empoeirado. O que você acha? Observe todos os detalhes."

Agora sim é que eu ia parecer louca, caminhando pelo convento e puxando lençóis imaginários de estátuas não existentes. "Como ela é?", insistia o livro. Imaginei uma pose que meu ex-marido costumava fazer quando zombava de mim: a cabeça para a frente, olhos semicerrados por causa do sol, lábios apertados, querendo impor alguma coisa. "Do que você gosta nela?" Decidi que ela era feita de pedra muito suave ao toque, e que usava roupas bonitas para uma estátua. "Agora fale com a estátua."

– Por que você tem essa aparência? – perguntei acusadoramente.

– Foi assim que você me fez – disse a estátua.

– Por que você está nesse estado? Por que não relaxa um pouco?

Fiquei pensando, enquanto caminhava por ali, admirando o pedestal. Depois voltei ao livro. "Agora torne-se a estátua", ele dizia. Subi no meu pedestal lindamente imaginado, mas não me senti muito à vontade. Mantinha meu estado normal de tensão e parecia estar irritada com alguma coisa. Não foi isso que o *tai chi* me ensinou. De repente, percebi que precisava de uma massagem nos ombros e que minha mandíbula estava tão contraída que era capaz de manter meu dentista trabalhando por anos e anos. Não gostei do exercício. Era uma versão de mim mesma que outros já tinham revelado. "Meu Deus! Que bom que não vivo com essa pessoa", pensei.

"Agora imagine que Cristo entrou na sala e viu a estátua. O que acontece?" Isso era fácil. A estátua se derrete até se pôr de joelhos, não mais feita de pedra, mas trazida à vida pelo olhar de puro amor. "E o que Cristo diz?" Cristo diz meu nome: Isabel.

Vocês devem creditar tudo isso às freiras. Eu já tinha "rezado" antes, mas não desse jeito. Tudo bem, tenho uma imaginação fértil, mas essa freira me fez ajoelhar diante de um homem que morreu há dois mil anos e conversar com ele. O problema é que ele não estava lá.

– Você confia em mim? – ele perguntou.

– Sim – respondi, rápida como um raio, e imediatamente percebi a mentira.

– Você confia em mim? – ele voltou a perguntar, com mais amor ainda.

– Não, não confio em você totalmente, confio? – Agora eu estava mais perto da verdade.

– Você confia em mim, Isabel? – ele perguntou de novo. Ah, total paciência e total compreensão.

– Bem, um pouco – respondi, e me sentei, em silêncio.

"Continue a conversa enquanto julgar necessário", dizia o livro. Portanto, ajoelhei no chão do meu quarto e conversei com esse homem que não estava lá. Falei sobre a minha vida, sobre tudo o que ela tinha de errado, disse que queria ser diferente, o que me faz feliz, o que me deixa triste. O mais estranho é que ele sabia de tudo, mas parecia estar gostando de ouvir – como se sentisse mais prazer na minha companhia do que eu na dele. E não estava zangado com nada, nem impaciente como eu sou comigo. Era só amor.

Voltei a ler o livro. "Deixe que Cristo saia da sala agora." Então ele piscou para mim e fechou a porta em silêncio. "Agora desça do pedestal da estátua e volte a ser você", instruía o livro. Senti uma paz interior como nunca sentira. Sentia-me calma e confiante. Não importava mais o que ia acontecer quando eu voltasse a Battersea. Com essa serenidade e confiança, eu era capaz de enfrentar qualquer coisa. Flutuei pelo jardim do convento, aspirando o perfume das flores.

– Não era Cristo de verdade – queixei-me com a irmã Alison na reunião da manhã seguinte. – Era eu pondo palavras na boca dele. Isso não é um tanto duvidoso?

– É por isso que estou aqui: para verificar. O que ele disse?

Se eu tivesse imaginado Cristo me dizendo para colocar a cabeça dentro de um forno a gás, é possível que ela tivesse me recomendado uma terapia. Mas, diante do que lhe contei, ela apenas sorriu.

– Então, foi parecido com a passagem em que Cristo interroga Pedro três vezes: "Você me ama?"

Honestamente, eu não tinha pensado nisso. Nem me lembrava dessa passagem. Mas ela tinha razão: era parecido.

– E como foi o exercício? Você gostou?

Tive que admitir que fora extraordinário.

– Ótimo – ela disse.

Na tarde do sábado, ela me pediu para ler sobre a vida de Cristo e ver como eu me sentia. Foi muito estranho. Como evangélica, eu tinha sido ensinada a não confiar em meus sentimentos, porque eles eram pouco confiáveis e de mérito duvidoso. Agora, uma freira, que eu julgava não ter consciência de seus sentimentos, pedia a mim (uma ex-atriz!) para descobrir os meus.

Li a vida de Cristo no Evangelho de São Mateus e chorei. Ele foi um homem tão instigante, tão corajoso! Li o evangelho de uma maneira intelectual, como uma história interessante. Mas o que senti? Sentimentos? Quem precisa de sentimentos?

No domingo de manhã, fui à missa e tentei me manter cerebral. Não queria sentir qualquer ligação entre meu encontro com o homem que não estava lá, a vida de um carpinteiro judeu e o pão e o vinho que eram oferecidos na missa. Era muito mais fácil fazer algumas queixas triviais sobre a liturgia da missa. Talvez eu estivesse perdendo o melhor do fim de semana, ou talvez não. Mas de uma coisa eu sabia: estava adorando tudo aquilo, até os almoços em silêncio.

Cheguei inquieta à sala da irmã Alison para a sessão de domingo à tarde. Não queria sentir nada nem pensar em nada naquele momento. Deus deve ter dito isso a ela.

– Acho que seria bom para você dar um passeio. Você gostaria disso? Gosta de caminhar?

– Muito – menti, sabendo que raramente caminhava mais que a distância da porta de casa ao ponto de ônibus.

– Faça uma das longas caminhadas que vai encontrar nos mapas disponíveis no saguão. Está tudo explicado. Basta escolher uma.

Ótimo. Nada espiritual, graças a Deus. Apenas uma caminhada destinada a freiras. Parti depois do almoço com o mapa na mão. "Caminhe pela Wantage e pegue a Manor Road até chegar a Ridgeway." Atravessei a vila, olhando as pessoas e pensando: "Eles não acreditariam se soubessem de onde estou vindo". Fui subindo a estrada, subindo, subindo, até que cheguei ao horizonte.

– Desculpe – perguntei a um morador, quebrando o silêncio –, esta é a Ridgeway?

– Ah, não. A Ridgeway é a estrada que sobe aquela colina lá longe.

Parti na direção indicada. Uma hora depois, vi uma placa: "The Ridgeway". Olhei as indicações das freiras: "Quando chegar a Ridgeway, vire à direita e vá em frente até chegar à vila de Letcombe Regis". Vila? Não havia vila nenhuma. Será que eu tinha confundido direita e esquerda?

Estudei o mapa, virei à direita e comecei a caminhar. Então me lembrei de ver o mundo e ter consciência da caminhada. "Participe de sua experiência e experimente sua participação", lembrei. Os conceitos que eu tinha aprendido no Seminário da Percepção podiam ser aplicados a longas caminhadas. As fichas começavam a cair. Essa experiência provava que eu estava viva.

Que som era aquele? La no alto, um pássaro cantava uma canção que era pura alegria. Se a alegria tem som, deve ser esse. Lembrei-me das florestas da França e de que a natureza estava viva. Lembrei que, muitos anos antes, eu tinha decidido que provavelmente havia um Deus que criara tudo isso. Lembrei que o reino de Deus estava em mim também. Era emocionante. Tudo se encaixava.

Parei o único passante que encontrei naquela tarde. Ele e seu cão sorriram para mim. – É uma cotovia. Não é maravilhoso? – Sim, foi maravilhoso, e, enquanto escrevo, numa noite chuvosa na Battersea Park Road, ainda lembro a pureza daquele canto. Se vocês nunca ouviram uma cotovia, caminhem pela Ridgeway, em Oxfordshire, no verão.

Mas voltemos à minha caminhada. Quando uma freira diz "uma longa caminhada", significa uma longa caminhada. Já eram 19 horas quando cheguei ao convento e encontrei os rostos sorridentes. Tinha partido às 2 da tarde. Eu me sentia fantástica. O sangue fluía por partes do meu corpo que quase já tinham esquecido o que o oxigênio faz pelas células. Ouvi mais uma vez o som etéreo das irmãs e lamentei ter que partir. Se pelo menos conseguisse preservar sua calma, a serena ternura que ia deixar para trás...

Fase 4

Descobrindo o Carneiro

Então, estou fazendo progressos? Estou crescendo como pessoa? Algum desses ensinamentos me mudou? Sou uma mulher mais egoísta ou mais gentil, mais calma, mais feliz e mais "consciente"? Se houve alguma mudança em mim, ninguém comentou. O problema é que, apesar de dançar alegremente no Seminário da Percepção, caminhar por becos sem saída com um sábio francês e passar um fim de semana celestial num convento, eu continuava sendo eu. Será que as pessoas novas que eu conhecia se impressionavam com a semelhança entre mim e uma versão da serenidade? Não mesmo.

Talvez eu causasse melhor impressão se não conhecesse as pessoas nas festas. Mas onde mais a gente conhece gente? Odeio festas. Odeio que as pessoas me encarem e em seguida perguntem: "O que você faz?" Como se os seres humanos fossem incapazes de conversar se não tivessem um rótulo a definir o nível da conversa. Por que todo mundo quer saber o que faço? Será que não são capazes de se impressionar com a incrível entidade que está diante deles e desfrutar da minha presença? Vejam só, eu me esforçando tanto para saber quem sou, e tudo o que elas querem saber é o que faço. É muito irritante.

Como odeio essa pergunta, sempre travo uma conversa interessante. Mas, não sei como, na última festa a que fui, um homem me disse: "Sou astrólogo". Talvez ele estivesse desesperado para me revelar seu propósito de vida. Ou talvez eu tenha bebido demais e esquecido que nunca faço essa pergunta.

Na verdade, pensando nisso, acho que foi isso que aconteceu, porque seu trabalho me pareceu histericamente engraçado.

– Astrônomo? – gritei alegremente. – Ou será astrólogo? Nunca sei qual é qual.

– Astrólogo.

– Verdade? Você está falando sério? Quer dizer que você convence as pessoas de que suas escolhas são influenciadas pela posição da Lua no momento do nascimento? Essa é a coisa mais ridícula que já ouvi. E o pior – minha voz ecoou pela sala – é ignorar que temos livre-arbítrio! Qualquer pessoa razoável sabe que somos nós que forjamos nosso destino. Os planetas não têm nada a ver com isso. Que absurdo! E você até parece um homem inteligente. As pessoas te pagam por isso?

O cavalheiro bem-vestido, de cabelos pretos e curtos e feições delicadas, a essa altura já olhava em volta, desamparado.

– Sim. E reservam uma sessão com seis meses de antecedência, para falar a verdade.

Voltei a encher minha taça com um excelente *bordeaux* tinto Saint-Émilion 1990.

– Seis meses de antecedência! Isso prova quanta gente ingênua há por aí. É um total absurdo: prever o futuro através dos signos do Zodíaco. Então me diga: de que signo eu sou? Aposto que não adivinha. Vamos... diga... Mais um pouco de vinho? De que signo eu sou?

Ele sorriu, benevolente.

– Se é para apostar, eu diria que é Áries.

Olhei para ele e tentei ajustar o foco. Precisava me esforçar para pensar. Nenhum dos outros convidados sabia meu signo. Só podia ter sido sorte.

– Ouça – ele disse, segurado meu braço. – Você sabe alguma coisa sobre o assunto? Se quiser, posso fazer uma leitura do seu mapa astrológico. Você não precisa acreditar.

Imaginei que ele fosse uma boa pessoa. Revoltante! Quando a ressaca passou e me lembrei de ligar para o anfitrião para agradecer o convite, perguntei sobre esse convidado duvidoso.

– Ah, Richard? Ele lê o mapa astral das pessoas há uns vinte anos. É muito conhecido. Ele leu o meu. Foi incrível. Se ele te ofereceu para furar a fila, acho que você deve ir. Nunca se sabe. Você pode aprender alguma coisa!

Era muito tentador, e a curiosidade acabou vencendo. Assim, demonstrando minha falta de discernimento, telefonei para o astrólogo. Fui informada de que precisava fornecer algumas datas importantes da minha vida. Sabia a data e a hora do meu nascimento? Quanto à data não havia problema. Nunca me furtei a revelá-la a qualquer um que não soubesse fazer contas. Mas a hora?

Por sorte, a certidão de nascimento era surpreendentemente específica: 1h13. Mas surgiu um problema: da madrugada ou da tarde? Um rabisco ilegível podia afetar o rumo da minha vida. Será que o médico que forneceu o certificado não sabia que a possibilidade de eu me casar de novo ou ficar milionária dependia dessa informação?

Liguei para o astrólogo, que apelidei de Merlin, na tentativa de provar que não estava levando a coisa a sério.

– Faz diferença se nasci à 1h13 da tarde ou da madrugada? Não consigo decifrar a letra do médico.

Sim, parecia que minha vida seria muito diferente. A personalidade da mãe, o sucesso profissional, tudo podia mudar.

– Tenho a impressão de que você nasceu à tarde. Então, vou começar a trabalhar por aí – disse Merlin –, mas, se você puder checar, seria útil. E traga outras datas importantes.

O pânico se instalou. Eu podia ter a vida errada. O futuro errado. Meu destino roubado pela caligrafia. Olhei para a certidão e notei, ao pé da página, "Chestnut Hill Hospital, Filadélfia". Caramba! A resposta ao mistério do meu destino poderia estar em algum lugar do hospital.

Dois telefonemas depois, um voz simpática e açucarada com sotaque da Pensilvânia me atendeu:

– Meu nome é Mary-Lou e estou com sua ficha em mãos. E também com a impressão de dois pezinhos. Que pezinhos lindos você tinha!

Que sentimento estranho! Então minha voz, transportada por telefone a um edifício do outro lado do Atlântico, do qual não se ouvia falar... há anos, disse, num tom desesperado:

– Bem, obrigada. Mas a hora exata... você tem aí a hora exata em que nasci? Muita coisa depende disso...

– Ah, sim, minha querida. Está anotada várias vezes: 1h13 da madrugada, no horário padrão do leste. Sim, tenho certeza, querida.

Eles tinham mudado a minha vida. Telefonei para Merlin, que já estava preparando meu destino para nosso encontro. Agora ele teria que recomeçar. E eu era outra pessoa. Em vez de Urano, agora era Saturno que estava nascente.

Apertei o botão de latão da campainha, com a certidão de óbito da mãe e a certidão de nascimento da filha em mãos. Estava nervosa. Havia alguma coisa assustadora em ver esse homem. Só que o Carneiro não se deixa enganar de bom grado. De qualquer forma, não existem traços de personalidade característicos de cada signo.

Entrei numa sala clara e espaçosa. Uma grande tela de computador mostrava um bonito desenho geométrico todo colorido, que aparentemente dizia a Merlin tudo o que ele precisava saber sobre mim.

– Só um minuto – ele disse, entregando-me uma cópia do desenho e pegando uma fita cassete que seria gravada na próxima hora.

Examinei suas estantes com ceticismo. Muitos livros sobre astrologia, que suponho deviam lhe proporcionar um certo conforto. Mesmo se tratando de uma disciplina absurda, pelo menos ele tinha estudado. A segunda prateleira exibia mais livros sobre astrologia, assim como a outra e a seguinte. Contei-os. Deviam ser uns 136. Curioso que tanta gente tivesse escrito sobre o assunto! Puxei um a esmo e li a introdução:

> A astrologia vem estimulando a mente de profundos pensadores e cientistas há milhares de anos. No entanto, ela ainda é considerada um absurdo por aqueles que não a estudaram. Sir Isaac Newton respondeu ao astrônomo Halley, que zombara de seu interesse por astrologia: "Senhor, eu estudei, o senhor não".

Coloquei o livro de volta na prateleira rapidamente. Será que eu tinha que ter a mente aberta sobre tudo? Merlin percebe minha agitação.

– Tudo isso não é profundamente anticristão? – pergunto. Ele sorri para mim com um olhar de paciente tolerância.

– Você conhece o Evangelho de São Mateus.

– Sim, estudei-o quando era evangélica – respondi, toda orgulhosa.

– Então você conhece Mateus, capítulo 2, versículo 2, não é mesmo?

– Bem, acho que tem algo a ver com o nascimento de Cristo, não é?

– Sim. Na verdade, sei a versão inglesa de cor: "Onde está aquele que é nascido rei dos judeus? Pois do Oriente vimos a sua estrela e viemos adorá-lo". Então, se a astrologia é anticristã, por que razão os três reis magos têm um papel tão importante no nascimento de Cristo?

Silêncio. Tenho certeza de que deve haver uma resposta a essa pergunta. Mas não a conheço.

– Você quer que eu leia seu mapa ou não? Eis aqui a sua cópia. Sente-se aqui, para que eu possa testar o nível de som do microfone.

Então ele começou a me explicar por que sou como sou.

– Seu Sol está em Áries, sua Lua em Sagitário, e você tem Capricórnio no ascendente. Na verdade, você tem cinco planetas em signos de fogo, três em terra, um em ar e um em água. Portanto, em termos dos elementos, você é basicamente uma personalidade fogo-terra.

Ele bem que podia estar falando aramaico.

– E? – articulei.

– Certos impulsos energéticos e certas qualidades são determinados no momento de seu nascimento. – Não sei se ele já tinha lido o mapa de alguém tão ignorante no assunto. – Se você imaginar alguém de pé, olhando a posição das estrelas no momento de seu nascimento, a constelação de Sagitário estava atrás da Lua. Por isso dizemos que a sua Lua estava em Sagitário.

– Pensei que todos os planetas giravam ao redor do Sol – arrisquei. Afinal, alguma coisa eu sabia.

– Sim, mas esta é uma disciplina geocêntrica, de modo que os planetas são vistos na posição que ocupam em relação à Terra. Você não precisa entender tudo isso. O que importa é o que os planetas nos dizem sobre você.

E ele se lançou à análise do meu caráter.

– Em termos do prazer, este é o rolo compressor do Zodíaco. Um duplo fogo significa que você é boa em identificar tendências e conectada com o que está acontecendo no inconsciente coletivo. Você tem uma grande capacidade para imaginar e conceituar, e Áries adora desafios. Além disso... – Eu estava começando a gostar. Podia ficar ali o dia todo ouvindo-o dizer como sou brilhante. É para isso que as pessoas lhe pagam. Ele continuou: – Além de ser inspiradora, com seu ascendente em Capricórnio, você sempre faz o que diz que vai fazer.

Era tudo maravilhoso, mas eu começava a sentir que ele ia me dizer alguma coisa para minha iluminação.

– Mas – essa palavra inevitável – existe um forte desequilíbrio. Você tem abundância dupla e dupla privação. Você tem toda essa energia masculina no seu mapa. Tudo o que uma mulher tradicionalmente procura num homem.... – ele se esforça para ser diplomático. – Ou é isso que você apresenta ao mundo.

O homem estava ficando muito sagaz. Tudo isso ele tirava da tela do computador ou de me conhecer? Mas ele continuou apontando vários signos no meu mapa.

– Você precisa controlar o que acontece à sua volta ou as coisas acabam não sendo feitas. Você é muito boa nisso, mas não é tão boa em deixar que as coisas evoluam espontaneamente. Você sempre quer empurrar as coisas para a frente. Será que foi isso que você fez em seu último relacionamento?

Para mim, era suficiente. Ou ele tinha uma bola de cristal, ou passara horas com amigos meus ao telefone, tentando descobrir coisas sobre mim. Talvez aquilo tudo fosse uma conspiração que eles estavam tramando. Ele continuou:

– Você tem uma dupla polaridade, o que significa que você tende a polarizar as coisas. Falta o equilíbrio de Libra. Você já pensou em alimentar um pouco seu lado feminino?

– Você quer dizer andar por aí linda, usando cores pastel e esperando um homem montado num cavalo branco?

Defensiva? Eu?

– É interessante que você veja a coisa desse jeito. Que tal tudo o que existe de maravilhoso, digno e *sexy* em ser feminina?

– São coisas que a gente pode comprar na Harley Street?* – perguntei, me achando muito espirituosa.

– Com suas piadas, você nega o feminino em você. O poder que vejo em seu mapa é verdadeiro, mas também mostra que, no fundo, você rema furiosamente e precisa expressar o seu lado tímido.

Não gostei.

– Tudo isso que está em meu mapa não significa que estou encurralada e qualquer tentativa de melhorar é uma causa perdida?

– Não, de modo algum. O mapa mostra o que você já tem e diz o que você precisa trabalhar. Algumas pessoas acreditam que ele mostra o que você aprendeu em vidas passadas, sugerindo onde você precisa se concentrar nesta vida. Você não pode perder o que já tem. É só uma questão de equilíbrio.

– Então devo aprender a gostar de cozinhar?

– Você lembra que eu disse que você tem tendência a polarizar?

Focar em alimentar o lado feminino. Arghhh! Pensei que a gente ia a um astrólogo para que ele nos dissesse que vamos encontrar um desconhecido alto, moreno e bonito capaz de fazer isso.

* Harley Street é uma rua de Londres conhecida por abrigar um grande número de médicos, cirurgiões e hospitais. (N. da T.)

– Algum desconhecido alto, moreno e bonito no futuro próximo? – perguntei, tentando mudar de assunto.

– Na verdade, sim. Quando Urano chega a Vênus, geralmente traz estranhos. Mas não vá atrás deles. Espere que eles cheguem até você. Observe o que você tem feito que não tem funcionado.

Como? Ser sempre aquela que convida os homens para sair? Escrever montes de longas cartas ridículas para o último homem por quem me apaixonei, ignorando que ele não responde? Segui-lo pela Europa pelo simples prazer da sua presença? Deixar de perceber que ele passava a maior parte do tempo que estava comigo dormindo? Desesperada, eu?

– O que devo procurar? Alguma dica? – Eu estava começando a gostar de novo.

– Como você tem muita energia física, precisa de alguém que tenha um nível semelhante de energia e intensidade. A Lua da mulher e o Sol do homem funcionam bem, de modo que um homem de Sagitário seria bom para você. Você não quer um homem muito passivo, que pode deixá-la louca. Você quer um homem seguro de sua masculinidade. Ele precisa ser espiritualmente forte e ter a capacidade de se conter emocionalmente, e você precisa de um homem com muita visibilidade e que opere em alto grau.

– O único homem solteiro do planeta acaba de sair com minha amiga loura e arquetipicamente feminina – lamentei, patética. – Onde vou encontrar um homem que opere em alto grau?

– Não se trata de ir atrás dele. Você trabalha seu interior e ele simplesmente aparece.

– Acho que não existe mais uma única moça solteira que acredite nisso.

– Talvez por isso estejam solteiras. – Ele sorriu, convencido. – Volte para casa e faça o seu trabalho. Existem montes de homens altos e morenos para você nos próximos anos. O principal que este mapa mostra é que você precisa alimentar seu lado feminino. O seminário Desperte a Deusa seria um ótimo começo. Acredito que ele é totalmente transformador, mas, como é só para mulheres, não pude fazê-lo. Aqui está sua fita, aqui está seu mapa. Agora tenho que sair.

Então, como num passe de mágica, ele saiu, e eu me vi na rua. Meus lados feminino e masculino concordaram em ir a um café.

– Gostaria de um vestido novo – pediu meu lado feminino gentilmente – e de ir ao Seminário da Deusa.

– Beleza! – disse o lado masculino. – Isso quer dizer que de vez em quando você vai cozinhar para mim?

Ela sorriu e piscou os olhinhos:

– Sim, querido, sempre que você quiser.

Então tenho dupla personalidade. Como se não bastasse tentar evoluir como uma pessoa, agora tenho dois lados em conflito. Meu lado feminino quer comprar brincos novos, e meu lado masculino acha que devia estar em casa enviando um currículo para outra emissora de tevê. Meu lado feminino argumenta que não gosta de produzir programas de tevê e preferia passar o tempo com a filha. Meu lado masculino diz que não tem nada contra, mas tem uma hipoteca para pagar. Bem, acho que por enquanto não preciso de um relacionamento. Já tenho discussões domésticas suficientes. E, embora meu lado masculino preferisse conquistar alguma coisa, tem que passar pela indignidade de ir ao Seminário da Deusa.

Fase 5

Manifestando a deusa interior

Era verdade o que o astrólogo me disse. Sentia que me faltava alguma coisa como mulher, que eu não era suficientemente feminina. Mas não tinha a menor ideia do que isso significava e de como mudar. Talvez exista algo de místico em ser mulher que tenha me escapado. Isso explicaria por que o último homem por quem me apaixonei – um homem verdadeiramente extraordinário – me trocou por uma loura. Ela era delicada, precisava de alguém para cuidar dela, conseguia irradiar sorrisos confiantes e ao mesmo tempo dar sinais de vulnerabilidade. Uma vez ela me disse: "Posso ter qualquer homem que deseje" – e provou que isso era verdade. Esse incidente abalou os alicerces da minha segurança como mulher. Eu me senti feia, desajeitada e masculina. Estava consciente de que minha figura não era aquela que a sociedade esperava que fosse. Eu não era suficientemente bonita ou *sexy* para atrair o homem que amava. Evidentemente, havia alguma coisa errada com a minha feminilidade.

Talvez a mulher que oferecia o Seminário da Deusa pudesse me ajudar. Talvez eu conseguisse descobrir o que me faltava e, da próxima vez que conhecesse um homem atraente, pudesse fazê-lo caminhar na minha direção e dizer: "Sou todo seu", ou algo parecido. Ou pelo menos talvez eu conseguisse pensar que sou uma mulher, em vez de uma espécie de conglomerado: disciplinadora, chefe de família, cozinheira, faz-tudo, pai prático e compreensivo. Sei que não estou sendo feminista, mas, do meu ponto de vista – por não ter tido um pai e tudo o mais –, nunca tive que lutar por igualdade. Graças a Deus, outras mulheres corajosas antes de mim fizeram isso. Mas, como disse Merlin: "Que tal tudo o que existe de maravilhoso, digno e *sexy* em ser feminina?" Eu não sabia nada sobre essas coisas. Talvez a deusa pudesse me ensinar. O folheto prometia: "Uma experiência única de feminilidade e do poder feminino". Era isso ou desentupir a pia.

Não tive tempo de me preparar para o fim de semana. O folheto pedia "um vestido que faça você se sentir uma deusa", e eu não tinha nada apropriado. A srta. Feminina vagava pela casa porque não tinha comprado um vestido novo: – Não comprei um vestido bonito para usar. – O sr. Masculino não estava lhe dando a menor bola. Perguntei a ele que "música reflete seu anseio interior", outro requisito do seminário. Ele sugeriu "Money makes the world go around", do filme *Cabaré*. Ou Madonna cantando "Material girl".

Era uma situação ridícula.

Eu tinha que encontrar algumas soluções. O velho vestido florido teria que servir, e eu tinha que encontrar alguns CDs. Estava confusa. Música que sugerisse um anseio? Será que teria que abandonar o caminho da iluminação? Pensei que Buda estivesse livre de desejos e apegos.

Ansiar por coisas, pessoas, sexo apaixonado é profundamente disfuncional, não é? Não poderia escolher "Someone to watch over me",* com um verso que diz "Sou um carneirinho perdido na floresta..." A ópera estava definitivamente excluída – "canções de codependência", como um amigo chamava todas as grandes áreas. [Suspiro.] Portanto, nada de canções de amor. Que tal a gravação do canto de um pássaro da Amazônia para indicar que meu anseio estava muito longe da Battersea Park Road? Então o sr. Masculino me salvou.

– Escolha alguma música clássica. – Prático como sempre. – Que tal uma peça de Bach para violoncelo? É definitivamente o som de um anseio.

– Sim, aquela que Alan Rickman toca em *Um romance do outro mundo*** – gorjeou a srta. Feminina.

Imaginei que teria que integrar as duas partes de mim ou ignorá-las. Saí de casa e peguei o ônibus 19 para Highbury com Islington, uma localização improvável para um encontro com a deusa.

---

* Título de uma canção de George Gershwin, com letra de Ira Gershwin, que significa "Alguém que cuide de mim". (N. da T.)

** Referência ao adágio da *Sonata para violoncelo e piano nº 3 em sol menor*, BWV 1029 de Bach, que faz parte da trilha sonora do filme. (N. da T.)

Assim que cheguei, que decepção! Não que eu esperasse algo diferente dos habituais seminários só para mulheres, mas não havia um único homem ali. Era pior do que o Seminário da Percepção. Lá eu achara todos muito esquisitos, mas agora estava completamente fora da minha zona de conforto. Era um erro enorme. Eu era a única mulher de cabelos compridos, e a única que não usava calças. Entrei em pânico. É verdade que tinha pedido ao universo para encontrar um relacionamento, mas meus hormônios e uma certa preferência genética antiquada ainda indicavam que eu gostava de homens.

– Uma coisa muito forte acontece quando as mulheres se reúnem – disse a líder. Era uma mulher deslumbrante de mais de 50 anos. Raramente eu vira uma mulher aparentemente tão realizada. Havia um círculo de almofadas no chão. Eu não queria me sentar num círculo de mulheres. Não queria que nada de muito forte acontecesse. De repente, senti uma forte aversão por todas as mulheres. Então começou aquela velha história de "compartilhar".

– Sempre tive problemas com homens – disse um par de calças.

– Sinto-me um homem num corpo de mulher – disse outra.

– Desde que fiz este seminário pela primeira vez – disse uma terceira –, sinto que minha sexualidade tomou um rumo inteiramente novo.

Não me lembro de ter ficado tão assustada em toda a minha vida. A srta. Feminina queria estar num *pub* com um grupo de briguentos torcedores de futebol assobiando com dois dedos na boca. De repente, todas estavam olhando para mim.

– E você, Isabel... – disse a deusa-chefe suavemente. – O que a trouxe aqui?

– Eu... bem...

– Às vezes é difícil falar, não é?

Antes daquele momento, nunca.

– Me disseram que meu lado masculino é mais forte que o meu lado feminino. Por isso estou aqui... para pensar sobre o que significa ser feminina.

– Sim, sim, entendo. – Ela fez um sinal de cabeça, com total simpatia.

Minha vizinha caiu no choro. Não esperava que ela ficasse tão comovida com minhas breves palavras. Será que ela tinha ficado impressionada com minha evolução? Mas logo percebi que ela estava deprimida.

– Sinto que sou um botão que nunca chega a florescer – eu disse.

Ela começou a chorar copiosamente. O sr. Masculino não sentiu a menor simpatia por ela.

E assim mais uma hora se passou. Uma de cada vez, elas falaram que sua vida estava profundamente errada. Minha empatia estava diminuindo, e o olhar de amorosa preocupação desapareceu do meu rosto. Se tivesse sorte, poderia chegar ao *pub* antes da hora de fechar.

Para minha surpresa, uma deusa alta e elegante juntou-se a mim para um drinque e acabou se revelando muito interessante:

– Para mim, ser feminina sempre teve a ver com a maneira como eu devia agir para ser aceita e agradar a um homem. Mas ser mulher é algo muito diferente. Você vai descobrir isso neste fim de semana.

– Mas todas essas mulheres não são...?

Ela atirou a cabeça de cabelos bem curtos para trás.

– Não, não são. Todas as mulheres que conheço aqui têm marido ou amantes. Posso estar errada, porque não conheço todas. Mas por que você pensou isso? De qualquer modo, mesmo que algumas sejam *gay*... – Como é que ela conseguia ser tão sincera? – ... você não acha que poderia aprender com elas também?

– Sim, claro. Só que... eu gosto de homens.

Sim, meus queridos, as coisas estavam indo de mal a pior. Agora eu me sentia homofóbica. Era o reverso de outra situação bizarra que tinha ocorrido no Natal anterior. Eu morava num *flat* muito pequeno em Manhattan e mandei cartões de Natal para casa, informando aos amigos que estava vivendo muito feliz com uma mulher. Recebi de volta cartões de congratulações por "ter saído do armário". Quando escrevi de novo, explicando que não via nada de mal em dividir um quarto com uma mulher e que ao mesmo tempo tinha um relacionamento à moda antiga com um homem, eles ficaram muito sem jeito. Meu pastor e a esposa ficaram arrasados. Tinham alimentado a esperança de ter a primeira lésbica assumida na comunidade. Foi uma enorme decepção para eles.

Portanto, era a segunda vez que eu percebia que minha intolerância sexual era de fato uma limitação.

No sábado de manhã, cheguei com um sorriso e um agasalho de ginástica. Recitei, como um mantra, o agora muito usado ensinamento do Seminário da Percepção: "Use tudo para seu aprendizado, sua elevação e seu crescimento".

A manhã transcorreu bem, com alguns ótimos exercícios. O de sempre: aprender a ouvir, a expressar raiva – nada que eu não tivesse feito.

Estava muito mais à vontade. Sabia tudo aquilo e me sentia agradavelmente superior. É ótimo estar num lugar onde a gente sabe que sabe mais do que os outros.

No almoço, fiz novas perguntas sobre ser mulher:

– Queria falar sobre essa receptividade eterna e absoluta.

– Uma mulher absorve tudo e aprende com isso.

– Sim, mas isso é muito teórico – eu disse, num tom masculino. – Como a gente muda a maneira como é?

– Eu simplesmente observo toda vez que me desculpo por comportamentos que não queria ter. Observo todas as técnicas de evitação e me pergunto: "O que me resta senão evitar?"

Então eu não devia telefonar para aquele homem que não está interessado em mim só para evitar sentir pena de mim mesma? Ou devia ligar para aquele que está interessado em mim, mas por quem não me sinto atraída, para poder desfrutar de sua atenção? Malditos seminários de fim de semana! Será que a deusa-chefe não podia parar de parecer tão solidária? Até mesmo durante o almoço?

Quando voltamos à sala, fomos informadas de que uma das mulheres queria "limpar a energia do ambiente".

– Deixaram muita negatividade aqui. – Era uma moça magra, de olhos escuros e insuportavelmente séria. – Quero queimar um pouco de sálvia. – A sálvia recusou-se a ser sacrificada e não pegou fogo. Tentei não rir. Finalmente, enchemos a sala de fumaça e mandamos para longe as más vibrações. Foi muito divertido, e não me exigiu feminilidade. Quis que aquilo durasse o dia todo.

A sessão da tarde começou com um exercício que eu ainda não tinha feito. Dançamos em duplas como se nos olhássemos num espelho. Foi uma sensação estranha. Normalmente, quando olho num espelho, penso: "Caramba, que coisa horrorosa! Já é tempo de cortar o cabelo/fazer uma depilação definitiva/consultar um dentista esteticista/procurar um cirurgião plástico. Agora era diferente. Nesse outro espelho, o rosto que me olhava tinha total aceitação de si mesmo e olhava seu reflexo com orgulho. Foi uma mudança muito agradável.

– Que pena que esses espelhos não estão disponíveis nas lojas – eu disse, num momento em que ninguém devia falar.

Então, quando eu começava a aproveitar de fato o exercício, a deusa-chefe disse:

– O que acontece se vocês tirarem uma peça de roupa?

Não, eu não iria até o fim nesse caminho. Tirei uma meia. Girei-a no ar e atirei-a do outro lado da sala com um alegre abandono. Estava feliz. A voz recitou de novo: – E outra? – Tudo bem. Eu tinha duas meias. Mas as mulheres à minha volta continuavam dançando em duplas e tirando a roupa. Mais estranho ainda foi o que aconteceu com minha parceira. Parece que ela usava pouca roupa.

O que vocês fariam numa sala cheia de mulheres que dançavam e tiravam a roupa de baixo? Eu podia ter fugido para a porta, mas corria o risco de parecer demasiado inibida e aguentar um telefonema preocupado da deusa-chefe mais tarde. Então, quando menos esperava, ouvi um comentário útil do sr. Masculino: – Não é diferente da sauna. E lá você não fica com vergonha. São todas mulheres. Qual é o problema?

Assim, tirei a roupa, a roupa de baixo, tudo. Imaginem a cena. Dezessete mulheres de cores e tamanhos variados – e eu com elas, me pavoneando como vim ao mundo. O que se é capaz de fazer em nome da iluminação!

Naturalmente, todos os corpos eram belos. Evidentemente, essa devia ser a "lição". De novo o lembrete de como é louco pensar que precisamos ser mais magras, mais altas ou seja lá o que for. Somos perfeitas como somos. Foi muito reconfortante – até o próximo pensamento que me ocorreu. Estávamos nuas e era sábado. Domingo seria o segundo dia do fim de semana, e ninguém falara em cancelamento.

– Amanhã, tragam seu vestido de deusa e sua música – disse nossa deusa-chefe quando já estávamos todas vestidas e sentadas nas almofadas do círculo.

No domingo, havia um círculo de cadeiras em seu lugar. Todas usavam lindos vestidos e pareciam radiantes. Eu estava num estado que poderia ser descrito como "bastante assustada". O que será que ela nos pediria? Era o momento da "iniciação". Cada uma teria que fazer uma coisa. Tentei não me deixar levar pela imaginação. De uma coisa eu sabia: se tivesse que ser livre a ponto de "me dar prazer" na frente das outras, podem me chamar de inibida, se quiserem, mas estou fora.

Não houve uma explicação do processo. A chefe seria a primeira. Ela entregou sua música para uma das mulheres e começou a dançar. De repente, despertei e prestei atenção. Em vinte segundos, passei de uma postura cínica ao deslumbramento. Não era uma dança e, graças a Deus, não se tratava de fazer aquilo em público. Era algo que eu nunca tinha visto e que me fez questionar tudo o que tinha feito na vida até aquele momento. Enquanto dançava, ela foi tirando a roupa. Mas não se tratava de se despir simplesmente. Ela expressava uma parte de si tão real, que as roupas só atrapalhavam.

Um véu se abriu diante dos meus olhos. "Eis uma mulher", pensei. "Sensualidade dançante." Era a eterna receptividade que no dia anterior me parecera teoria. Eu a observei. Desejei ficar ali toda a vida. Ela parou de dançar. As outras a envolveram num lençol e lhe deram água.

A mulher seguinte se levantou. Era uma negra e tinha trazido uma música afro. Começou a se mover. Como as roupas a inibiam, ela se despiu. De repente, acreditei em ancestrais e no poder que é transmitido de uma geração a outra. Fomos transportadas para outro tempo, outro lugar, num continente distante. "Eis uma mulher." Ela se tornou forte e poderosa. Sim, era uma combinação de força e beleza dançantes. Era impossível imaginá-la indo trabalhar numa estação de metrô.

Então uma terceira se levantou, e vi a dança da dor. Vocês conseguem imaginar a dor visível? Ela gritava de puro sofrimento e com o desespero de todas as mulheres. Não sei em que século estávamos a essa altura, nem com quem eu estava naquela sala. E por acaso me incomodou que essa mulher usasse os cabelos curtos?

Então a alegria se levantou e dançou a famosa canção "My sweet Lord".* Enquanto ela dançava nua diante do seu Senhor, pensei no exercício da estátua. Ali estava uma mulher agradecendo a seu Deus através da dança – agradecendo pelos seios, pelo corpo, por estar viva. Ela irradiava sua alegria sobre nós, expressando total liberdade e amor-próprio. Ação de graças. Eles podiam aprender muito com isso na Festa da Colheita da Igreja da Inglaterra. Distribuir comida enlatada é uma maneira de agradecer a Deus pelo que temos. Aquela era outra.

Então, quando estava convencida de que ia me derreter no nada com a maravilha e a intensidade de tudo aquilo, anunciaram que era hora do almoço. E lá fui eu, caminhando pela Highbury com mulheres que eu estava mais inclinada a venerar do que a partilhar uma pizza. Conversavam

* Canção composta por George Harrison em 1970, na época da dissolução dos Beatles, quando ele já estava envolvido com a cultura e a religião hindus. (N. da T.)

como se esse tipo de expressão acontecesse todos os dias. Talvez acontecesse. Comi uma ou duas folhas de alface e me perguntei se Johann Sebastian Bach me ajudaria naquela situação.

Depois do almoço vi uma mulher guerreira. Riam se quiserem. Sei que parece absurdo, mas, quando um arquétipo se revela diante de nossos olhos e ouvimos uma mulher rugir, as histórias sobre mulheres guerreiras começam a fazer sentido. Ela estava furiosa. Felizmente, não tinha armas. Podia jurar que ela estava usando uma pele de bode. Algo saído de um livro de imagens pré-históricas? Mas quando ela se levantou, usando um lindo vestido preto, parecia uma moça perfeitamente normal. Nenhuma pista do que estava subjacente. Cuidado, rapazes!

Finalmente chegou a minha vez. Eu me sentia como se não tivesse nascido. Uma das mulheres tinha me oferecido um vestido branco muito simples que me pareceu bastante apropriado. Sentia-me uma menina entre aquelas mulheres, esquecida de que era mais velha do que muitas delas. Assim que ouvi o som de Bach, comecei a chorar. Olhei o rosto de mulheres sábias que sabiam quem eram. Minha tarefa era deixar a menina vir à tona e dançar. Dar alguns passos.

Pouco importava que sempre me dissessem para deixar de ser tão forte e inteligente. Pouco importava que eu sempre desse um jeito de mencionar minha formação superior. De repente, era fácil entender que aquele interior masculino era tão forte porque a menininha mal tinha nascido. Eu adorava chamar atenção, mas era ridiculamente tímida. Ouvindo Bach, timidamente dei um passo à frente, mexi um braço, depois o outro, lentamente, ao som da música. Movia-me suavemente de um lado a outro. Livrei-me das roupas como as outras tinham feito. Eu estava nua, física e emocionalmente, e não tinha vergonha. Era assim que Adão e Eva eram descritos no Jardim do Éden, "nus e sem vergonha". Não me lembro de ter me sentido tão vulnerável, tão jovem e tão amada.

Nunca tinha dado ouvidos a essa menina dentro de mim. Eu fazia sexo com homens com quem na verdade não queria estar. De certa forma, eu me violentava, porque nunca prestei atenção à minha fragilidade. Pretendia ser formada em consciência e nem mesmo tinha aprendido a me ouvir. Meu rosto fervia. Sorri quando elas ternamente me envolveram num lençol e me deram água.

Voltei à minha cadeira com a ridícula expressão de quem nasce de novo. Como pudera aprender tanto em três minutos? Agora, teria que começar a ouvir esse aspecto de mim mesma. Admitir que ela existia. Sei que sempre digo isso, mas, no fim de semana seguinte, queria fazer alguma coisa verdadeiramente banal. Alguma coisa verdadeiramente idiota. Ver tevê, talvez?

A última mulher terminou sua "iniciação". Olhei para todas elas. E eu que achava que não tinha nada a aprender com elas! Achava que sabia mais sobre ser mulher do que elas. Vou lhes dizer outra coisa que aprendi naquele fim de semana: não sabemos nada apenas olhando para as pessoas. Absolutamente nada. Gostamos de pensar que sabemos muito e que somos capazes de julgar pelas aparências. Ou eu pensava. Orgulhava-me de conhecer mais dos outros depois de dois minutos do que eles próprios. A verdade é que as aparências enganam. Muito.

Quando vocês saírem para o trabalho amanhã, deem uma boa olhada na moça que ocupa a mesa da recepção, na secretária que parece chateada no fundo do corredor, na enfermeira sorridente ou na professora da escola infantil com quem vocês deixam seus filhos. As mulheres são criaturas misteriosas e poderosas. Um desses rostos sorridente pode ser a mulher selvagem que conheci no Seminário da Deusa. E ela ruge.

Fase 6

Sexo tântrico – Sim! Sim! Sim!

Chegou pelo correio um folheto me convidando para um *workshop* sobre sexo tântrico. Que sorte a minha! Justo agora que não estou tendo nenhum relacionamento. Onde estavam esses *workshops* da última vez que tive um amante sem imaginação? E por que quero ir a um *workshop* tântrico?

– Você pode imaginar o tipo de homem que vou conhecer? Todos com um lado feminino bem desenvolvido. Todos com um corpo longo e esbelto.

– E todos com um pênis longo e esbelto – disse minha amiga Anna quando me queixei de minha situação precária.

– Todos usando roupas leves, cabelos desalinhados e sorriso acolhedor.

– Que tomarão sua mão nas deles, olhando-a nos olhos – ela disse, sorrindo.

Comecei a gritar.

Não porque ache que serei solicitada a fazer sexo, tântrico ou qualquer outro, com algum desses homens. É só que é bom ser dominada pelo desejo de dedicar meu corpo ao processo de aprendizado de outro participante.

E se eu convidasse o marido de alguém para ir comigo? Podia telefonar para uma amiga casada e dizer: "Oi, Julie, será que você poderia me emprestar seu marido por um fim de semana? Vou a um curso de sexo tântrico e preciso de um parceiro... Julie? Está ouvindo?!"

Ou poderia enviar um *e-mail* genérico a todos os homens da minha vida do outro lado do Atlântico:

> Oportunidade única. Pegue um avião para Londres (às suas custas) e venha fazer um *workshop* (às suas custas) sobre sexo. Não que eu esteja insinuando que você precise... meu querido.

Que tal convidar um completo estranho? Há um garçom muito atraente no novo Starbucks da King's Road. Eu poderia tentar: "Um café, por favor, e... bem... há outra coisa que desejo, na verdade... Será que você gostaria de ir comigo a um *workshop* sobre sexo tântrico?" Ele provavelmente me daria um sorriso resignado e diria: "Lamento, mas sou *gay*". Eu ficaria tão constrangida que nunca mais tomaria café lá.

Havia uma remota esperança. A pessoa que os organizadores tinham arranjado para me dar carona para o *workshop* era um produtor independente de cinema e tevê. Fiz uma rápida pesquisa e descobri qual era a sua companhia e que filmes ele tinha feito. Será que ia conseguir um emprego e um relacionamento em um único fim de semana?

A carona seria compartilhada com mais uma pessoa. Ela chegou parecendo uma dessas imagens de divindades hindus. Suas longas pernas estavam claramente visíveis sob as calças leves de musselina preta, e um pequeno diamante cintilava sedutoramente logo abaixo do umbigo. Usava um *top* vermelho-escuro, bijuterias extravagantes e um lindo colete, uma sofisticada mistura de vermelhos e fios dourados intrincadamente tecidos. Os cabelos escuros e brilhantes chegavam até a cintura e pareciam saídos de um comercial de condicionador. A maquiagem era sutil e perfeita, com uma lágrima carmim no centro da testa. O efeito geral era estonteante. Ela falava com um desses sotaques exóticos que são instantaneamente atraentes e misteriosos.

Eu, por minha vez, usava *jeans*, tênis e uma malha preta larga. Meu sotaque é decididamente londrino e não tive tempo de lavar os cabelos, que pareciam "opacos e sem vida" como num comercial de xampu barato.

Um grande BMW parou e um homem muito magro, de óculos e com um amplo sorriso, desceu.

– Você deve ser Stellianna – ele diz, estendendo a mão para a visão de misteriosa beleza. – E seu nome é...?

Por que é que eu faço isso comigo?

– Isabel – respondo, num resmungo. – Não, não me importo de ir no banco de trás.

Foi uma dessas viagens terríveis, com engarrafamentos de trânsito, uma vaga náusea por estar no banco traseiro e fragmentos da conversa no banco da frente. E ainda me deram a tarefa de ler o mapa.

– É a próxima saída à esquerda? [impaciência mal-disfarçada] Você tem certeza? – Foi nessa altura que piorei a situação, cometi erros e me humilhei. – Sim, mas a estrada B seria mais bonita. – Tentei parecer *blasé* quando ele olhou, primeiro para o mapa e depois para mim, sem entender nada.

Naturalmente, seu celular não parava de tocar. E ele dizia "Washington? Terça? Diga a eles que não será possível. Eles que marquem outra data". Ou "Para a estreia? Claro, será um prazer". Ou simplesmente "Não posso falar agora porque estou dirigindo". Meu celular não tocou, embora eu tivesse orientado minha filha a me ligar muitas vezes na sexta à tarde. Ela ligou uma vez e se queixou de ter apagado a mensagem na secretária eletrônica. Por isso tive que dizer: "Corra a fita até o fim e depois regrave a mensagem! Não, é o botão da esquerda. Ah! [tom exasperado] deixa pra lá". Foi a única vez que meu telefone tocou. Aparelho maldito! Quem inventou o telefone celular?

Chegamos ao lindo centro de Hereford uma vida depois, mas ainda a tempo do jantar. A srta. Feminina gritava: – Alô! Atenção, por favor. – Então, lavei os cabelos e coloquei um vestido. Eu faria qualquer coisa para acalmá-la.

Depois do jantar, enquanto esperávamos que algo tântrico começasse, um milagre inesperado aconteceu. Recebi um bilhete do produtor de tevê: "Querida Isabel, desde o momento em que nos conhecemos senti uma vibração estimulante. Você também a sente? Seu escravo tântrico, Simon". A srta. Feminina sorriu, convencida: "Viu? Eu não disse que valia a pena usar um vestido?" E o sr. Masculino pensou: "Esse cara é louco". Escrevi em resposta: "Uma vibração estimulante? Você tem certeza de que não é seu celular?" Ele leu meu bilhete e voltou a pegar a caneta. Éramos duas crianças escrevendo bilhetinhos na classe. Esse *workshop* era de fato divertido. "É você. Você é uma mulher perfeita. Uma deusa."

O Seminário da Deusa tinha valido cada centavo. Minha transformação deve ter sido mais completa do que eu pensava. Mas não tinha certeza de ter escolhido o melhor estilo de texto. Rabisquei: "Suponho que você faça mais drama do que documentário. Estou certa?" Ele continuou com sua adoração: "Você é linda. Seu rosto. Seu corpo. Seus olhos. Suas sobrancelhas".

"Minhas sobrancelhas?" Ele não era roteirista.

"Você vai me rejeitar, mulher sem coração?"

"Rejeitar você? É sexta-feira à noite."

"Vai me permitir ser seu escravo tântrico e lhe dedicar amor total e incondicional durante o *workshop*?"

E então? Vocês rejeitariam um escravo do sexo tântrico que lhes oferecesse amor incondicional? Ele era bastante magro. Corri os olhos pela sala. Idade média dos participantes? Sessenta. Tamanho médio das barrigas de cerveja? Imenso. Cabelos na cabeça? Muito poucos. Pelos no queixo? Abundantes. Homens com um lado feminino superdesenvolvido sempre deixam crescer a barba. Isso não engana ninguém. Um dos homens com muito sobrepeso sorriu calorosamente para mim. Eu faria qualquer coisa para evitá-lo. E havia sempre a desculpa de "usar tudo para meu aprendizado, minha elevação e meu crescimento".

"Ok, Simon. Já que você está tão impressionado com minhas sobrancelhas..."

Ele veio sentar-se ao meu lado, sorrindo. Era uma agradável surpresa. Ali estava eu, a mulher que ia atrás dos homens, tendo um homem atrás de mim. Gostei da experiência. Talvez esse fosse um dos homens altos, morenos e bonitos prometidos pelo astrólogo.

Começamos o processo com os olhos vendados. Era o que eles chamam de "despertar". Os líderes tinham preparado um banquete para cada um de nossos sentidos. Fomos levados a outra sala, onde nos sentamos em almofadas, enquanto sons sensuais nos enchiam os ouvidos: tambores suaves, gotas de chuva, sinos de todos os tamanhos, o som profundo das taças tibetanas. Deslizei em minha almofada, sentindo-me curada pela beleza dos sons. Então tivemos que redescobrir o sentido do olfato. Eles tinham todas as maravilhas de um loja de aromaterapia para passarmos sob o nariz: cítricos, morango, mirra, lavanda, sândalo, hortelã, pão recém-assado, grama recém-cortada, baunilha. Depois os sabores: manga, tâmara, abacaxi, sorvete, torta de maçã (não tão boa quanto a do convento, mas ainda assim deliciosa), chocolate, uvas. Depois o toque: conchas, pele, pedras, farinha, cristal, cera, folhas macias, cones de abeto. Em seguida fomos convidados a tocar com as pontas dos dedos a pessoa ao nosso lado. Me virei e, com toda a suavidade, toquei as pontas dos dedos vizinhos. – Apenas explorem essas mãos com o sentido do tato – explicou uma voz de veludo. Assim fizemos, mãos nas mãos, ainda vendados: dedos entrelaçados, palmas tocando palmas, uma doce ternura. Inocente. Minha menina de vestido branco estava adorando a brincadeira.

Finalmente, fomos convidados a tirar a venda. Abri os olhos. Eram as mãos de Simon. De algum modo, ele tinha conseguido se colocar do meu lado. (Mais tarde descobri que ele dissera a um dos assistentes que éramos um casal.) Sua conquista estava indo bem. Agora eu já me sentia à vontade com ele. Ele sorriu para mim. Olhamos a sala cheia de velas e lindas imagens do deus Shiva fazendo amor com a deusa Shakti. Havia também várias imagens de muitos braços, símbolos do amor e da celebração da sexualidade. Meu olhar foi atraído para um grande ornamento de cristal na forma de um pênis ereto. Imaginei um desses na mesa de centro da minha sala de estar, para admiração dos vizinhos. Eu diria: "Isso, sra. Jones? Ah, é uma pequena lembrança de Hereford. A senhora gosta?"

Mas ali, à luz de velas, ele parecia lindo. Acho que o pênis tem recebido muitas críticas desfavoráveis. As mulheres se queixam de seu mau uso, de que os homens são guiados por ele, debocham dele quando fica enrugado ou contam piadas sobre ele. Os homens se queixam de que ele não é suficientemente grande ou não funciona suficientemente bem, ou que os mete em dificuldades, ou que é ativo demais ou inativo demais. Ali o pênis tinha o nome de *vjara* (que significa "raio") e era celebrado.

Então, admiramos os pênis eretos de cristal, nos abraçamos como crianças, tomamos cada um o seu caminho e fomos dormir. E assim terminou o primeiro dia.

Durante o café da manhã, os outros participantes nos perguntaram se éramos um casal.

– Ainda não sabemos – ele disse.

– Não, este fim de semana é uma experiência – respondi, sorrindo.

Foi um decepção total. Todos pensavam que éramos casados há muito tempo e fingíamos não ser. Nos tocávamos como um casal, nos relacionávamos como um casal. Foi divertido.

A maior parte da manhã foi ocupada com o conhecido processo de "compartilhar". Éramos 22 participantes, sentados em almofadas dispostas em círculo. Eles tinham tido o cuidado de inscrever o mesmo número de homens e mulheres. Os líderes do *workshop* formavam um estranho par e, naturalmente, não eram casados. O homem devia ter recebido o prêmio de o menos atraente da sala. Devia estar entre 50 e 60, era gordo, tinha cabelos meio longos e desordenados precisando de uma boa lavagem, óculos cômicos e um largo e infeliz espaço entre os dois dentes da frente. Eu jamais lhe pediria uma aula particular. Em sua apresentação, a mulher disse:

– Tive seis filhos de seis homens diferentes. – Era um currículo impressionante por qualquer padrão. – Sempre me interessei pela sexualidade – ela continuou.

Podia apostar que sim. Ela também estava gorda, mas conseguia carregar o peso como expressão de sua sexualidade, o que de certa forma a deixava ainda mais voluptuosa. Eles jamais venceriam uma competição de ginástica. Mas então pensei que, se eles parecessem Barbie e Ken, e ela começasse dizendo que tinha feito apenas um *lifting* facial, dificilmente teriam condições de ensinar a autoaceitação. Eles eram honestos e francos, conheciam o assunto e, como todos esses facilitadores da Nova Era, transpiravam amor.

Os depoimentos foram comoventes, como sempre. Casais felizes que tinham perdido o caminho da sexualidade. Velhos casais que a tinham perdido por completo. Recém-casados que queriam fazer sexo cada vez melhor. Jovens casais que estavam ali só para se divertir. E os solteiros, pessoas corajosas que queriam aprender o que eles tinham para ensinar e não estavam à espera da "pessoa certa". Havia ainda quem admitisse, com grande coragem, que se sentia sexualmente inábil ou que tinha perdido a confiança. Simon e eu dissemos que tínhamos vindo para aprender e pôr em prática o máximo que pudéssemos. Fomos tão convincentes que chegou a ser engraçado.

O resto da manhã foi usado para relaxar e participar de jogos. Um pouco de música *disco* – algumas energéticas, algumas lentas, outras vulgares –, fazer caretas uns para os outros, agarrar a bunda ou discutir numa língua inexistente. Até um convite para dizer "foda-se" para todo mundo. Quebra-gelos tântricos.

Foi fácil e divertido. Depois, almoço. Vegetariano, naturalmente. Simon saiu correndo para fazer um importante telefonema para Nova York. Fiquei e comi *tofu* com um jovem chinês, professor em Oxford. Criado por frades jesuítas, estava tão contrariado com o que eles tinham lhe negado em termos de educação sexual que nem reconhecia que eles tinham lhe dado uma educação acadêmica tão boa a ponto de torná-lo líder em seu campo. Sugeri que ele fizesse sua tese de doutorado sobre sexo tântrico. De repente, seus olhos brilharam. Ser um acadêmico não parecia lhe prometer um futuro tão árido quando ele pensava. Simon e eu nos ignoramos. Afinal, éramos um casal.

Para o primeiro exercício da tarde, a instrução foi: – Os casais devem trabalhar juntos. Os outros escolham um parceiro para este exercício. – Simon imediatamente caminhou na minha direção. Naturalmente, eu não podia dizer que não. Ele me oferecera amor e apoio incondicionais, e, depois de tocar seus dedos, eu não queria rejeitá-lo.

A lição da tarde propunha explorar a energia masculina e a feminina.

– Caminhem pela sala e celebrem seu sexo. Quando fizerem contato visual com alguém, digam "Sou mulher" ou "Sou homem". Pode ser de uma forma divertida, vulnerável, forte, *sexy*, sedutora ou como quiserem. Digam isso tanto para os homens quanto para as mulheres.

Nesses *workshops*, geralmente sinto uma aceitação incondicional de todo mundo. Utilizo o exercício da "beleza interior que vejo em você" que aprendi no Seminário da Percepção. Mas nem sempre. Às vezes, a velha cínica amarga toma conta de mim. Assim, quando alguns daqueles homens caminharam até mim e disseram "Sou homem", pensei: "Não, lamento não concordar. Tenho algumas pistas do que é um homem e posso lhe dizer que você não é. Você tem rosto de mulher, energia de mulher, voz de mulher. Alguma vez já guiou uma moto? Já tomou a iniciativa? Socou alguém na cara? Bebeu cerveja? Fez sexo? Não parece!" É claro que eu não disse isso. Simplesmente sorri e dei a resposta esperada: "Sou mulher".

Então os facilitadores disseram:

– Essa é apenas meia verdade, porque dentro de todo homem há uma mulher e dentro de toda mulher há um homem.

Então tivemos que repetir o exercício. Meu lado masculino ficou felicíssimo de ter permissão para se manifestar. Andar pela sala dizendo "Sou homem!" me pareceu muito óbvio. Os homens mais femininos e sensíveis provavelmente estavam pensando: "Sim, e que Deus me ajude". Eu sabia que, tendo sido pai e mãe durante toda a vida da minha filha, não tenho dificuldade de acessar meu lado masculino. Até o astrólogo sabia disso.

Alguns daqueles homens, dos quais nenhum era *gay*, agora pareciam estar mais perto da verdade. "Sou mulher", eles diziam, e eu pensava: "Eu já sabia". Outros homens tinham medo de dizer isso e faziam trejeitos femininos, falavam com voz fina, agiam como menininhas. Não foi o caso do meu parceiro. Ele caminhou direto para mim, cheio de energia masculina, e disse, com toda a clareza: "Sou mulher". Parecia tão fácil! Ele estava totalmente à vontade com sua energia masculina e com sua energia feminina. Não precisava escondê-la, disfarçá-la ou se desculpar por tê-la. E ficou feliz quando eu disse: "Sou homem" como um simples fato. Ele não parecia estar avaliando se eu parecia ou não estar à vontade com essa declaração. Afinal, já tinha me dito que eu era uma deusa. Talvez realmente me aceitasse como sou.

Foi bom saber disso antes do exercício seguinte. As instruções começaram:

– Ajoelhe-se de frente para o seu parceiro. A mulher oferece sua energia através do coração. O homem precisa recebê-la com seu coração. Ele oferece sua energia através do sexo. Ela precisa recebê-la com seu sexo. Quando isso se dá, um círculo se cria.

Parece muito simples, não acham?

Era isso que devíamos fazer usando a respiração. Eu expirava, movendo minha mão do meu coração para o dele. Ele inspirava para me receber, e depois expirava, movendo a mão do seu sexo para o meu, e eu inspirava, movendo a mão para o meu sexo.

Agora, antes que sua imaginação vá longe demais, devo acrescentar que não houve toque, e que esse era apenas um exercício de transferência de energia. Mas, com o contato visual, vocês podem imaginar que era algo bastante íntimo. Para dizer a verdade, "bastante íntimo" é uma meia verdade. Foi um dos exercícios mais íntimos que já fiz num seminário.

Depois trocamos de posição. A mulher entregava sua energia através de sua sexualidade e a recebia com o coração. É importante que os parceiros experimentem os dois papéis. Uma pequena empatia gera muita compreensão.

Então, quando eu já me sentia inundada de energia, eles anunciaram o jantar. Uma mulher que estava lá sozinha disse:

– Já fui bissexual, mas agora sinto que desejo um relacionamento estável com um homem. – Sim, ela e um milhão de amigas solteiras. – Eu ia adorar fazer um curso de um ano com um parceiro. Mas não um curso de um ano para solteiros.

– O quê? Eles têm um curso de um ano para casais?

– Sim, o curso para casais começa em junho do ano que vem. São residências de quatro ou cinco dias e muito trabalho de casa.

– O que eles ensinam que leve um ano?

– O tantra ensina como conter a energia sexual que liberamos no orgasmo, de modo que o prazer se torne implosivo em vez de explosivo e que possamos prolongar o prazer pelo tempo que desejarmos. Quando uma pessoa consegue conter conscientemente essa energia, é levada a estados mais altos de consciência em que a sexualidade e a espiritualidade se fundem. Não se pode aprender isso em dois dias. Este é apenas um fim de semana de degustação.

– Parece maravilhoso.

– Você e Simon vão fazer o curso?

Senti que devia ser honesta com ela.

– Vou lhe dizer a verdade – confessei. – Só nos conhecemos ontem.

Seu queixo caiu.

– Mas vocês são tão...

– É, eu sei – me apressei em dizer, antes que ela tivesse tempo de terminar a frase. – É incrível, não é mesmo? Quanto a fazer o curso de casais, eu não saberia dizer.

Ela começou a rir. Tomamos café. Gostei muito dela. Se pudesse fazer essa mudança de sexualidade, a vida seria bem mais fácil.

– De qualquer forma... – ela baixou a voz. – Não podemos esquecer que estamos aqui para nosso crescimento sexual. Não importa com quem estejamos. A verdadeira jornada é conosco.

De repente, vi a irmã Alison, do convento, sentada à minha frente: "A verdadeira jornada, Isabel, é com você mesma". Caramba, eu não esperava ouvir isso num fim de semana sobre sexo tântrico. Ah, as verdades da vida!

Por coincidência, essa seria a noite de Halloween, e eles não iam perder a oportunidade. Fomos convidados a escolher um parceiro diferente. Só os casais trabalhariam juntos. Simon, meu amante de uma vida inteira, apareceu ao meu lado. O exercício seguinte não foi fácil. Eles queriam usar a "noite dos poderes misteriosos". Os facilitadores falaram do obscuro, do subconsciente, do proibido. Então vieram as instruções:

– O homem deve segurar a mulher nos braços enquanto ela faz uma viagem na imaginação, descendo às profundezas além da morte para ver o que existe lá.

Ele me tomou nos braços. Eu não queria ir a lugar nenhum além da morte, mas ele foi tão amoroso e solidário que seria deselegante não participar.

Ouvi a voz aveludada do gordo de dentes separados e desci às profundezas da mente, onde fiquei surpresa de encontrar um deus bailarino. Talvez fosse um demônio sensual hindu. Admirada, eu o vi saltar e girar. Ele estava escondido em minha mente. Mas então a voz disse: – Agora tragam essa energia para vocês e expressem as imagens. Levantem-se e dancem. – Então levantei e dancei. Senti uma espécie de liberdade, mas, quando olhei nos olhos de Simon, a materialização do deus Shiva, cheio de promessas de amor incondicional, eu soube que estava fingindo. Me desconectei da experiência. A sensação me lembrou das vezes em que, sendo atriz, eu estava no palco e sabia que estava atuando mal. Não tinha me tornado o demônio sensual que vira. Eu me observava sendo uma fraude, mas, ainda assim, continuava dançando. Fiz o exercício, mas não foi de verdade.

Então foi a vez de Simon. Eu o tomei nos braços enquanto ele fazia sua viagem interior. Não sei aonde ele foi, mas com certeza não estava fingindo. Ele chorava em meus braços. Acariciei seus cabelos, a mãe amorosa que fui instruída a personificar. Mas quando ele se levantou para dançar, abandonei o papel de mãe. Onde aquele homem tinha aprendido a dançar? Eu me julgava uma bailarina, mas o balé clássico na Real Academia de Dança nunca foi como aquilo.

Ele começou a dançar com toda a sua energia sexual. Observei que ele tinha esperado até sentir as faíscas da excitação. Movia-se lentamente a princípio, curtindo as sensações. Felizmente estávamos à luz de velas, porque meu rosto devia estar mais vermelho que a almofada de cetim onde eu me sentava. Ele era, simplesmente, um dos dançarinos mais eróticos que já vi. É verdade que ele era magro demais, mas sua expressão de sensualidade me dizia que não seria difícil suportar isso. Vocês já viram alguém dançar com toda a sua energia sexual?

Então o exercício acabou. Fomos convidados a ficar na sala pelo tempo que quiséssemos, desde que, por favor, respeitássemos o espaço sagrado. O que imagino significasse: se alguém tivesse feito o exercício bem demais, nada de transar.

Assim, os casais se aconchegaram, rindo. Nós apenas nos deitamos abraçados. Era muito fácil ser abraçada. Podia imaginar como teria sido esse exercício com algum dos meus parceiros anteriores. Eles diriam: "Você não entendeu direito o exercício, não foi, Isabel? Sei que você estava fingindo. O que realmente me irritou no que você fez foi..." Meu ex-marido teria dito: "Bela tentativa". Aquele homem apenas me abraçou. Depois, um por um, dois a dois, tomamos nosso caminho e fomos dormir. E assim terminou o segundo dia.

Os exercícios do domingo foram ainda mais difíceis. Nunca celebramos o Dia de Todos os Santos na Igreja Anglicana daquele jeito.

– Esta manhã, meus irmãos e irmãs, vamos celebrar o dia do Senhor com nossa prática de respiração sexual. Depois leremos um dos *Cânticos de Salomão* e cantaremos o hino nº 317, "Estou feliz por estar vivo".

E ali estava eu, orando a Deus à minha doce maneira. Íamos aprender a respiração sexual: como construir a energia na pélvis com o balanço pélvico e como segurar a energia sexual usando os músculos pélvicos. Isso pode parecer grosseiro, mas, depois do Seminário da Deusa, eu estava surpreendentemente receptiva. Afinal, não houve nenhuma nudez, e todos estavam livres para participar ou não.

A respiração sexual é outro exercício que se faz mantendo o contato visual com o parceiro. A mulher devia encontrar seu ritmo de balanço pélvico, e o homem devia segui-lo. Parecia quase uma dança. Consegui estabelecer um ritmo – contrair o músculo pélvico, inspirar, balançar para a frente, soltar o músculo pélvico, expirar –, mas logo o perdi. A facilitadora, uma encarnação de Shakti, me encorajava: – Seja paciente. É a primeira vez que vocês fazem este exercício juntos. – Ela estava certa.

De repente, já era hora do almoço e estávamos em "íntimo compartilhar". Foi muito terno. Os casais disseram que tinham redescoberto uma conexão. Um homem de cerca de 60 anos que estava lá com a mulher chorou ao olhar para ela. Os recém-casados disseram que tinham encontrado um caminho para o futuro. Os casais que estavam bloqueados revelaram que tinham se livrado do bloqueio. Os solteiros disseram o que aprenderam e como se comoveram com o apoio do grupo. Uma mulher que viera sozinha nunca tinha feito um trabalho desse tipo e fora ficando cada vez menos apavorada ao longo do fim de semana até se sentir finalmente capaz de falar.

Quanto a mim, senti que estava inteira de novo. Tinha sido ensinada a não me desculpar por ter "um lado masculino desenvolvido". Sou uma mulher, afinal, e ser uma mulher bonita com as qualidades masculinas positivas de força e vitalidade é quase sempre um bônus. Minha capacidade de ver o ponto de vista masculino às vezes é tão acurada que até eu me surpreendo. Mas também sei ser vulnerável e ainda desejo um deus Shiva verdadeiro que cuide de mim. É verdade, ainda estou aprendendo a ouvir meu lado feminino, mas ele está vivo e ganhando maior confiança. Então, talvez eu esteja mesmo evoluindo.

Mas esse não é o fim da história. "E Simon?", vocês devem estar se perguntando. "O que aconteceu em seguida?" O *workshop* terminou depois do almoço, para que as pessoas pudessem desfrutar a idílica paisagem campestre. O sol brilhava num céu azul. Era uma tarde de outono perfeita. A deusa hindu com quem tínhamos viajado ia voltar com um dos casais. Tudo parecia bom demais para ser verdade. E foi.

Depois do almoço, Simon apareceu vestindo um paletó em lugar de roupas "adequadas a um passeio no campo".

– Lamento, mas se você quiser pegar uma carona em meu carro, tenho que partir em dez minutos.

Eu não podia acreditar, e seu celular já estava tocando. – Lamento, tenho uma reunião em Londres às 6 e...

– Tudo bem – suspirei, olhando as folhas caírem no jardim. – Vou pegar minha mala.

Eu sabia que ele estava preocupado que eu pudesse estar apaixonada por ele. Afinal, ele era um homem.

– Você está com medo de que lhe telefone ou qualquer outra coisa, não é? – perguntei.

Estávamos a meia hora de Londres. Ele tinha passado as primeiras três horas fazendo perguntas sobre a minha vida e me dizendo quanto eu fora maravilhosa.

– É que... eu tenho... uma espécie de relacionamento – ele disse.

– Ah é? Uma "espécie"? – Gostaria de ter uma definição dessa interessante expressão.

– Bem, um relacionamento de longo prazo, eu diria.

– Há quanto tempo você está com ela? – perguntei, já que tinha aprendido durante o fim de semana a ser completamente honesta e franca com aquele homem.

– Cerca de dez anos. – Ele atendeu a uma chamada. – Às 7, esta noite? Está ótimo. Encontro você lá.

– E por quanto tempo você espera ficar com ela? – perguntei, com uma voz racional.

Ele sorriu ao pensar nela.

– Pelo resto da minha vida, espero.

Eu não estava mais sem fala.

– E você vive com essa mulher?

Ele pareceu ficar pouco à vontade com o interrogatório.

– Às vezes.

– Às vezes? Como é que você pode viver com uma mulher "às vezes"? Você vive com ela ou não?

– Sim.

– Simon, neste fim de semana, os que tinham parceiro e os que não tinham foram separados. Se você tem uma parceira sexual, por que não disse? Por que não a convidou? Por que não contou ao grupo? Por que não me contou, pelo menos? Por que não...

– Ah, minha querida. Espero que você não tenha pensado que poderíamos ter algum futuro juntos. Eu lhe ofereci meu amor por um fim de semana.

– Sim, mas, depois da intimidade que experimentamos, pensei que pelo menos poderia lhe telefonar alguma vez. Que talvez pudéssemos jantar juntos, ir a um cinema ou algo assim.

Outra lição de desapego. Minhas lágrimas começaram a pingar no chão do seu BMW.

– Escute – ele disse, enquanto eu tirava minha mala do carro e me afastava. (E cada palavra é verdade.) – Espero não ter iludido você de alguma forma.

Fase 7

Será que sou codependente?

A aventura com Simon me jogou no Abismo da Depressão. Agora eu sabia que desapego é uma coisa, mas não ter a quem estar erroneamente apegada é outra muito diferente. Aqui estou eu, cheia de conhecimentos sobre sexo tântrico e sem ninguém com quem praticá-lo. Não há justiça nesta vida.

Será possível um dia ter um relacionamento com um homem com quem eu realmente queira estar? Ou será que, quando tiver evoluído e me convertido numa pessoa verdadeiramente realista, vou deixar de me queixar por não ter um homem em minha vida? Quero dizer com isso que Buda não se sentou para se queixar: "Puxa, é sábado à noite e todo mundo está com alguém que curte!" Todas as pessoas que têm um relacionamento parecem dar aos amigos solteiros o mesmo conselho: "Quando você parar de desejar alguém, uma pessoa vai aparecer".

Isso cria um jogo mental interessante para o qual, a meu ver, a lobotomia frontal é a única solução. Tenho que deixar de desejar alguma coisa para tê-la. Mas, se deixar de desejar uma "pessoa significativa" para ter uma, meus motivos não são um tanto suspeitos? E com certeza não é tudo relativo? Não é que eu passasse as noites de sábado me consumindo e lendo *As 35 regras para conquistar o homem perfeito*.* Pelo menos, nem sempre. Não, meu lado masculino, meu lado feminino e eu, perfeitamente equilibrados, saíamos com minhas amigas, meus amigos *gay* e minhas amigas casadas, e, quando lhes perguntava se conheciam algum homem solteiro interessante na Grã-Bretanha, todos sacudiam a

---

* Livro de autoajuda de Ellen Fein e Sherrie Schneider, publicado originalmente em 1995. (N. da T.)

cabeça e acrescentavam: "Nem na Austrália ou na África do Sul". Uma de minhas amigas visitara a África do Sul recentemente. Um de seus cartões-postais mostrava um círculo de cadeiras vazias com a legenda "Reunião anual dos homens disponíveis na África do Sul". Parece ser um problema universal.

A única solução temporária era imitar o Buda e praticar essa coisa de "desapego". Mas não estou falando de estar apegada a alguém. Estou falando de estar apegada à ideia de estar apegada a alguém. O que realmente me chateia é conhecer pessoas que considero ainda mais disfuncionais que eu e que conseguem manter lindos relacionamentos codependentes com outras pessoas disfuncionais. Então, por que não eu? Por que não posso ser felizmente infeliz como todo mundo? Por que não posso fazer esse processo de evolução e ter um homem disfuncional em minha cama? Um homem que tenha um corpo adorável e um lado masculino superdesenvolvido? Tenho que admitir que estou apegada a essa ideia, como vocês veem.

Então voltemos ao ponto onde iniciei essa reflexão circular sobre a injustiça da vida, o que significa que tenho que me desapegar de mim. Esse tema foi ilustrado recentemente por um total desconhecido. Eu estava num café, saboreando inocentemente meu café com leite, quando fui cumprimentada pelo homem que estava na mesa vizinha e que perguntou se eu gostaria de presidir a próxima reunião. Eu disse que seria um prazer, mas que reunião?

– Oh, você não é uma alcoólatra? – perguntou o homem, muito surpreso.

– Não, não sou. Lamento.

– Então em que você é viciada?

– Em nada, pelo menos que eu saiba.

– Hum – ele disse, descrente. – Fale-me sobre seu pai.

Já que eu estava de bom humor, por que recusar uma sessão grátis de psicanálise?

– É difícil falar sobre ele, já que não o conheci.

– Percebo – disse o personagem barbudo, parecendo cada vez mais o dr. Freud. – Então você constrói seus relacionamentos com base nisso?

Pensei no assunto.

– É simples. Eu me relaciono com homens que não estão presentes. E meu parceiro eu definitivamente não encontrei.

– Então você é codependente anônima, CoDA.

– Espere um pouco. Pensei que ser codependente fosse ser dependente de alguém que, por sua vez, depende de você. Com certeza não posso ser codependente sozinha.

– Você é feliz sozinha?

Comecei a desejar que a conversa fosse um pouco mais superficial. Quem sabe sobre a situação política ou econômica mundial?

– Não, na verdade não – respondi.

– Você gostaria de estar com alguém? Sente que sua vida não está completa sem um parceiro? Sente um vazio na sua vida porque esse "outro" não está presente? Seja franca.

De mau humor, pedi um bolinho.

– Acho que sim.

– Está vendo? – Ele sorriu, triunfante. – Todo mundo precisa de um programa de doze passos.

Sempre achei que o programa de doze passos era um método comprovado de curar alcoólatras e pessoas com problemas verdadeiros. Tinha transformado totalmente a vida de um amigo meu que era alcoólatra, e eu tinha grande admiração pelo método. Nunca imaginei que pudesse servir a uma pessoa tão evoluída como eu. Afinal, eu não era quase perfeita? Não estava feliz comigo e, portanto, pronta para conhecer alguém? Suspiro. Talvez ele tivesse razão.

– Não sabia que eu era uma viciada até agora. – Será que devia lhe agradecer por isso?

– Não se preocupe. Você pode conhecer o programa. Vá por seis semanas para experimentar. É grátis.

Será que ele podia curar meu desejo de partilhar a vida com um homem em seis semanas? E não teria que pagar nada por isso?

– Escreva seu nome aqui e eles lhe enviarão todas as informações.

As informações chegaram. Um número surpreendente de pessoas frequentam as reuniões em toda a Grã-Bretanha para admitir que são codependentes. Uma amiga frequentou, aquela mesma amiga atriz que me convenceu a fazer o Seminário da Percepção anos atrás. Fiona estava sempre se trabalhando de uma maneira ou de outra. Agora ela diz que é codependente. Naturalmente, ainda acho que não sou.

– Mas os alcoólatras não acham que são alcoólatras, não é? – ela disse, animada. Fiona achou muito engraçados meus protestos de que não precisava daquilo. – Você deve ir a essas reuniões para ver se aprende alguma coisa.

Ah, não. Não venham de novo com o conselho de "usar tudo para seu aprendizado, sua elevação e seu crescimento".

Assim, fui à primeira reunião. Com minha amiga. Não que eu fosse codependente ou algo parecido. Notei que as pessoas chegavam em duplas, com alguém que se parecia muito com elas. Duas mulheres muito magras. Dois *punks* cheios de tachas e cabelo rosa. Dois homens gordos que pareciam deprimidos. Eu e Fiona tínhamos cabelos compridos, e alguém já dissera que éramos parecidas. Não era um bom começo.

A reunião dos doze passos tem um formato simples: algumas leituras, cada pessoa fala por cinco minutos, outros ouvem e agradecem, e depois todo mundo volta para casa. Aparentemente, isso é tudo. Mas o programa foi dão brilhantemente concebido que, enquanto as pessoas se dedicam aos doze passos com seriedade e comprometimento, sua vida passa do desespero à esperança. Talvez eu me inscrevesse, talvez não. Estava de novo explorando. Podia fazer isso ou não. Mas eu me sentia uma fraude. Nunca fora uma suicida. Tinha emprego e amigos. Ouvia humildemente o que as pessoas tinham a dizer. Não dizia nada, apenas ouvia.

Então, será que eu era codependente? Um folheto trazia uma lista de perguntas para me ajudar a identificar minhas deficiências. Responda "sempre", "geralmente", "às vezes" ou "nunca". Na parte de "submissão" fui muito bem. Muitos "nunca". Nunca assumo a responsabilidade pelo comportamento dos outros. Nunca tenho dificuldade de expressar meus sentimentos. Nunca tenho medo de ter raiva. Nunca tenho medo de expressar opiniões diferentes. Não sou perfeccionista. Não abro mão de meus valores para evitar a rejeição. Não fico em situações perigosas por muito tempo. Então, nesse aspecto tudo bem.

Mas então vieram as perguntas sobre "comportamentos de controle". "Você costuma aconselhar os outros mesmo sem ser solicitada?" Sempre. "Você tem a capacidade de perceber como os outros estão se sentindo?" Sim. "Você é calma e eficiente em situações de crise de outras pessoas?" Sim, sempre. "Você acredita que a maioria das pessoas é incapaz de cuidar de si mesma adequadamente?" Bem, sim, inclusive eu. "Você suporta ver o sofrimento dos outros?" Bem, não – e em geral corro direto para eles com algum conselho não solicitado.

Acho que sou uma maluca controladora. Lembro de um antigo namorado ter dito: "É fácil estar com você... desde que você faça do seu jeito... mas o seu jeito geralmente é excelente... e por isso a gente deixa você fazer o que quer". Um dia eu o deixei. Suponho que porque ele me deixou fazer o que eu queria. Seja como for, isso aconteceu há três anos, e com certeza melhorei desde então. Sim, tenho certeza. Bem, talvez não tenha tanta certeza. Talvez seja melhor eu ir a seis reuniões para verificar.

Na segunda reunião, em outra parte da cidade, eu estava de novo firmemente convencida de que não precisava daquilo. Fiona queria ir comigo. Vocês veem: ela é codependente. Mas eu estava determinada a ir sem ela só para mostrar que eu era independente. Na verdade, gostei da companhia.

A reunião foi difícil por uma estranha razão. Foi estruturada de tal maneira que não podíamos fazer nada para ajudar alguém. Foi um desafio divertido. Por exemplo: um homem se levanta e diz: "Estou furioso e não sei o que fazer com a minha raiva". Ele treme. Tenho um folheto na minha pasta que diz: "Dia de Liberação da Raiva – aprenda a liberar sua raiva e divirta-se". Vocês devem estar pensando: "Ótimo! Deem-lhe um desses panfletos". Se algum de vocês teve esse pensamento, provavelmente é um codependente. Lamento. Ele não me procurou no fim da reunião e disse: "Isabel, eu estava pensando se você conhece alguma maneira de eu me livrar da raiva que sinto". Se eu lhe entregasse o folheto – se eu o deixasse "por acaso" na sua cadeira ou o colocasse "anonimamente" em sua pasta –, estaria lhe dando um conselho que não fora solicitado, não é? Conselho não solicitado: perca 10 pontos e volte ao ponto de partida.

Uma mulher me procurou depois da reunião.

– Acho toda essa história de aprendizado e crescimento muito dolorosa – ela disse.

Resposta certa: "Sim, entendo". Resposta errada (acompanhada de um amplo sorriso): "Mas não precisa ser. Pode ser divertido. Você já ouviu falar do Seminário da Percepção?"

Infelizmente, tenho uma mestra em casa: minha filha. Posso praticar diariamente não lhe dar conselhos. Talvez ela comece a pedi-los. "Mãe, você acha que devo desligar a tevê agora e fazer a lição de casa?" "Você acha que uma criança pode fumar? Gostaria muito de saber sua opinião." "Qual o melhor jeito de passar o tempo: ouvindo a rádio XFM ou estudando piano?" "Será que é melhor eu levar um agasalho porque pode esfriar?" Não posso dizer que me faltem oportunidades diárias de crescimento.

Quanto a Fiona, percebi uma coisa engraçada nela. Ela vive me dando conselhos não solicitados. É muito irritante. Fizemos um acordo: ela não me dá mais conselhos e eu também não lhe dou. Nossa conversa ficou muito limitada. Somos obrigadas a ser cada dia mais criativas em nossa tentativa de influenciar o comportamento uma da outra.

– Descobri que é muito bom para mim não levar as coisas a ferro e fogo – ela disse, mandando-me uma indireta. Mas eu não deixei barato:

– Isso está me parecendo um conselho.

Se ela estava deprimida, eu dizia, inocentemente:

– Você sabe que hoje de manhã, na academia, eu li que 80 por cento dos casos de depressão podem ser curados só com exercícios?

– Obrigada pelo conselho.

Na terceira reunião, o tema em discussão foi: "Fazer um inventário moral e admitir humildemente, para nós mesmos e para os outros, quando estivermos errados". Errada, eu? Não. Estou disposta a admitir que posso ter defeitos (como vocês veem, estou evoluindo), mas estar errada não é um deles. Se esta é uma organização para pessoas que estão erradas, com certeza não é para mim. Tentei me lembrar da última vez que uma amiga me acusou de estar errada. Bem... foi ontem.

– Você às vezes é tão prepotente! – ela disse.

Vocês acham que respondi humildemente que estava errada e devia ter expressado minha opinião de outra maneira? Nem sonhando. Eu pensei: "Que mulher prepotente!" Caramba! Se vou ter que começar a pensar em minhas palavras e ações e admitir para as pessoas que estou errada, corro um certo risco de me tornar uma pessoa mais agradável. Estou começando a antipatizar com esse pessoal CoDA.

Eu estava decidida a ir sozinha à quarta reunião, para ter certeza de que estava fazendo progressos. Saí bem cedo no domingo de manhã, sem dizer nada a Fiona, caso ela quisesse me acompanhar. Deparei com uma "reunião temática". Eles votaram no tema que queriam discutir e escolheram "perdão". Sentei numa cadeira e fiquei quieta, o que não era comum. Com certeza não queria refletir sobre esse tema. Não que eu tivesse deixado de perdoar alguém (inclusive, com muita magnanimidade, a mim mesma, por não ser perfeita), mas talvez houvesse uma ou duas... A única coisa que me convenceria a ser gentil com meu ex-marido era o conselho de Oscar Wilde: "Perdoe sempre seus inimigos – nada os irrita tanto".

A reunião prosseguia. Mais uma vez, as pessoas codependentes mais evoluídas eram comoventes e profundas. Uma de cada vez, revelavam sua verdade. Falaram de perdão diante da raiva. Perdão das atrocidades que haviam sofrido quando crianças. Mais uma vez, me senti humilhada. Eu era uma hipócrita. Era uma bela manhã, muito apropriada para um domingo. Aquela era realmente uma tentativa de tirar primeiro a trave dos nossos olhos, em vez de tirar a farpa dos olhos dos outros.* E as perguntas que surgiram eram profundas. "Como perdoar alguém que não está arrependido?"

Além do tema, eles também se concentraram em um dos famosos doze passos. Não vou falar a vocês sobre os doze passos, porque não conseguiria resistir à oportunidade de acrescentar alguns conselhos não solicitados ao longo do caminho. Como uma pessoa verdadeiramente evoluída, vou me limitar à minha história. Nessa reunião, discutimos o passo 11. Para aqueles que não descobriram que tipo de viciados são, aqui vai a primeira parte do passo 11: "Através da prece e da meditação, procure melhorar seu contato consciente com Deus..."

Achei aquilo muito injusto. O CoDA não é uma organização religiosa, aquele não era um fim de semana com freiras nem uma visita a uma igreja, e no entanto lá estava eu, ouvindo que oração e meditação são uma boa ideia. Como é que posso ficar com raiva e me queixar da falta de um "outro significado" na minha vida se eles pretendem me encorajar a redescobrir a oração? Se isso acontecer, corro um sério risco de alcançar o objetivo que me trouxe ao CoDA.

Voltei para casa de mau humor e fui tirar o pó de um livro chamado *Ensine você mesmo a meditar*. Será quer era possível meditar de uma maneira não espiritual? Afinal, na verdade eu não queria atingir o objetivo de ser feliz sozinha. Abri o livro e tentei meditar por quinze minutos. Digo quinze minutos, mas sempre pego no sono antes desse tempo. Assim, sempre consigo evitar que a meditação tenha algum resultado positivo.

A quinta reunião ocorreu numa noite escura e chuvosa, do outro lado de Londres. Éramos dez pessoas trabalhando nossas "falhas de

---

* Referência a Mateus 7:5: "Hipócrita, tira primeiro a trave do teu olho, e então cuidarás em tirar o argueiro do olho do teu irmão". (N. da T.)

caráter". A lição era: "Só por hoje, vou agir de uma maneira que admiro em outra pessoa". Que ensinamento ridículo! Isso significava viver segundo meus próprios padrões? Ou seja: acordar a uma hora razoável, ir para a academia, vestir-me bem e não andar relaxada dentro de casa, trabalhar o tempo necessário no computador, não comer biscoitos o dia todo, enviar cartas de agradecimento por convites para jantar, estar eternamente de bom humor, ler bons livros, cozinhar refeições de verdade... Não sou capaz de manter esses padrões nem por dez minutos, que dirá por um dia. Acho que nunca vou conseguir viver de uma maneira que eu admire. Ainda estou tentando viver de uma maneira que eu possa tolerar.

Consigo perceber que esse ensinamento seria eficiente se eu estivesse num relacionamento de codependência. Tentar viver segundo meus altíssimos padrões certamente me deixaria exausta demais para perceber qualquer "falha de caráter" do meu parceiro. E, mesmo que eu as percebesse, a essa altura já teria entendido que isso não era da minha conta. Na verdade, é incrível que alguém critique alguém sobre alguma coisa. Quero dizer: quantas pessoas perfeitas existem no mundo? Só compareci a cinco reuniões desse curso e, honestamente, acho que nunca mais vou criticar alguém por coisa alguma. Nem dar conselhos.

Bem, é melhor eu ir me vestir agora... Afinal, já é quase hora do almoço.

Tenho que admitir que desfrutei totalmente minha sexta e última reunião. Foi num sábado de manhã, e cheguei de bicicleta. Fui me sentar no meu lugar no círculo de cadeiras. A reunião teve um palestrante muito inspirador, que contou como era sua vida antes do curso e como, lenta mas infalivelmente, ele a tinha virado de cabeça para baixo: deixara de ser um frenético controlador, aprendera a ser gentil com as pessoas e abrira uma empresa na qual mantém relacionamentos muito bons com as pessoas o tempo todo. E ele era divertido também. Terminou seu "depoimento" acrescentando: "E agora eu adoraria uma xícara de chá e um sanduíche de torresmo". Eu ri. Quaisquer que fossem suas "falhas de caráter", ele não parecia muito preocupado com elas.

Depois que empilhamos as cadeiras, ele me convidou para almoçar. Sentamo-nos num café e eu lhe contei que aquela fora a última das seis reuniões que me haviam recomendado para decidir se queria fazer o curso todo ou não.

– Você não me parece codependente – ele disse.

As aparências enganam, não é mesmo?

– Em alguns aspectos, mas não em outros – eu disse, atacando um *bagel* de salmão e requeijão.

– Mas você sabe quais são os seus problemas, não é? – ele perguntou.

– Sim. E acho que todo mundo é em certa medida codependente.

– Sim, claro. Você tem compromisso para esta noite? Eu estava pensando se você gostaria de pegar um cinema.

Quase me engasguei com o salmão.

– Como?

– Podemos sair juntos esta noite? Ou amanhã?

De repente, tudo voltou: eu tinha ido às reuniões do CoDA porque queria conhecer alguém. Não! Não era verdade. Eu não queria um relacionamento com aquele homem. Mesmo ele sendo menos codependente do que eu. Eu não o achava atraente. Fui invadida pelo pânico. "Até que ponto estou desesperada para sair com alguém num sábado à noite?", pensei. Concluí que ainda não tinha chegado à fase de sair com alguém por quem não me sentia atraída só para não ficar sozinha. Ufa! Foi um alívio.

– É muito simpático da sua parte. – Sorri. – Mas acho que ainda não estou pronta para embarcar num relacionamento.

– Está vendo? – ele disse. – Isso prova que você não é codependente. Você sabe dizer não. Você não assume a responsabilidade por meus sentimentos. Você só se responsabiliza por si mesma. Resposta certa.

– Quer dizer que você estava me testando?

– Talvez. Mas acho que você não precisa voltar ao curso.

Voltei para casa pedalando. O mundo é engraçado. Depois de seis reuniões, eu tinha a reposta que queria. Não precisava de mais nada. Mas aprendi a não me meter nos assuntos dos outros e a não dar conselhos. Aprendi a viver segundo meus próprios padrões. Aprendi a pensar no que digo e a admitir que às vezes posso estar errada. (Bem, não preciso ir tão longe.) Até tive a oportunidade de admitir a uma colega de trabalho que estava errada numa divergência que tivemos. Ela tinha faltado no dia seguinte, provavelmente por causa do choque. Meu livro de oração e meditação não está mais coberto de pó. E Fiona e eu saímos para jantar e conversar sobre arte e literatura.

Será que há esperança para mim? Será que existe progresso? Talvez eu esteja menos codependente e disfuncional do que seis semanas atrás.

Talvez um dia eu encontre um homem por quem me sinta realmente atraída – um homem a quem vou querer dizer: "Sim, sim. Vou com você para onde você quiser e farei qualquer coisa por você". Talvez um dia eu tenha um relacionamento com um homem com quem deseje verdadeiramente estar. Espere um pouco! Já não escrevi isso?

Fase 8

Pelos fundos

Já contei a vocês que voltei a trabalhar? Gosto de trabalhar porque não tenho que evoluir. E há outra coisa boa em trabalhar em televisão, especialmente em pesquisa. Ninguém se preocupa em saber se você é eficiente, desde que fique o dia todo dependurada ao telefone parecendo cheia de energia. Mas estar realmente cheia de energia é outra história.

A resposta à pergunta "Como vai?" pode ser: "Horrível. Estou de ressaca" ou "Péssima. Só tive três horas de sono". Mas, se alguém estiver se sentindo de fato muito bem, um suspiro e um monossilábico "Bem" às vezes são aceitáveis. Se eu chegasse numa segunda de manhã e dissesse: "Estou me sentindo maravilhosa, cheia de vida e de vitalidade, na expectativa de todos os desafios que esta série tem a me oferecer", nunca mais trabalharia.

Estou contando isso a vocês aqui, na privacidade destas páginas, porque quero confessar uma terrível verdade. Quero me manter em forma e ter um corpo que me obedeça, em vez de deixar que ele mande em mim. Como meus níveis de energia parecem estar chegando a zero, decidi que o mestre de *tai chi* estava certo: o corpo é muito importante. Talvez, em vez de pensar tanto em evoluir, eu pudesse mudar de tática. Descobri recentemente um segredo que não me exige meditar ou ser simpática com ninguém. Na famosa trilogia mente/corpo/espírito, é o nível mais básico. O corpo. Desde que não me obrigue a sair correndo por aí ou a frequentar academia. É bom para o corpo, mas usa menos energia que o *tai chi*. Não preciso levantar um metatarso ou um glúteo. Não envolve nenhum exercício físico. O que é? Vocês não adivinham? [Pausa de efeito.] Irrigação do cólon.

Em Nova York, quem nunca se submeteu à hidroterapia do cólon é olhado com desprezo. É o mesmo que admitir que nunca tomou banho. Então, já que meu aniversário se aproximava, decidi recorrer à última moda em matéria de tratamento de limpeza: a lavagem de todo o intestino grosso através de um tubo. É sério. Além disso, ouvi dizer que a pessoa que passa pelo processo de irrigação do cólon vê o conteúdo saindo do tubo, o que lhe permite saber exatamente o que é e quanto tempo permaneceu lá. Já estão se sentindo enjoados?

Algumas histórias são horrendas. As coisas ficam presas dentro de nós e vão apodrecendo silenciosamente como veneno. Pedaços de salsichas foram encontrados dentro de pessoas que já eram vegetarianas há dez anos. Esta é a crua verdade. E, quanto às pessoas que ingerem muitas vitaminas em cápsulas plásticas, centenas de pedaços de plástico podem ser sugados para fora do intestino. Será que estou tirando o apetite de vocês para a próxima refeição?

Então, telefonei para uma senhora irrigadora com dez anos de experiência. Ela evidentemente não acreditava em preliminares.

– Qual é a sua regularidade? – ela me perguntou, indo direto ao ponto. – Quero dizer: qual a regularidade de seus movimentos? Com que frequência você vai?

Não respondi, divertindo-me com seu eufemismo.

– Quando minha filha era pequena, a gente dizia "fazer cocô" – respondi, sem ser de grande ajuda. – Lembro que o primeiro feito num peniquinho foi um grande acontecimento.

– Com que frequência você faz cocô, então? – ela insistiu.

Nunca tinha pensado nisso.

– Honestamente, não tenho certeza.

– Uma vez por dia? Uma vez por semana?

– A senhora está dizendo que algumas pessoas só fazem uma vez por semana?

– Ah, sim.

– Definitivamente, uma vez por dia – ou até mais.

Agora eu estava constrangida. Mas ela continuou com seu interrogatório como se falasse de flores na primavera.

– E, quando faz, você se sente completa?

Ah, a completude! Não é disso que trata o caminho da iluminação? Será que ela estava discutindo metafísica?

– Sim, quase sempre, eu acho.

– Nunca deixo de me surpreender com a inconsciência das pessoas em relação ao próprio corpo – ela suspirou, num tom de melancólico desespero. Como tudo o mais, eu obviamente tinha um cólon pouco evoluído. – Você não sabe com que frequência evacua nem se se sente completa? Isso me espanta. Oh, não quis ser rude.

– Não, claro que não – eu a tranquilizei. – Prometo que de hoje em diante vou prestar atenção.

Os dias seguintes não foram fáceis. Fui dominada pelo desejo de jejuar, de não permitir que nenhum sólido passasse pelos meus lábios, de passar fome para poder ouvi-la dizer, admirada: "Meu Deus, este é o cólon mais limpo que já irriguei!" Mas provavelmente isso não ia adiantar. Devia haver uma salsicha de coquetel presa em algum canto desde a festa do meu aniversário de 21 anos. Por que não continuar com minha dieta normal de comida congelada aquecida diretamente no forno?

Naturalmente, o sr. Masculino tinha opiniões sobre o tema, como sempre: "Isso é besteira. As pessoas normais vão ao banheiro há anos e anos. Vocês realmente estão loucas". Já a srta. Feminina tinha uma abordagem mais doméstica: "Quando limpamos a casa, muita coisa fica presa nos cantos, e precisamos de um esforço extra para limpar a sujeira. Por que não dedicar ao corpo o mesmo cuidado? Afinal, uma limpeza a cada dez anos não é excessiva. Por que não espera para ver os resultados antes de decidir que é um equívoco?" "Porque estou pagando", responde o sr. Masculino. A mesma velha história. "E já estou de saco cheio das ridículas ideias egocêntricas dessa aí."

É engraçado como os dois me culpam por tudo. Mas preciso ir. A natureza chama.

Foi incrível o efeito de um simples telefonema sobre a consciência que eu tinha do funcionamento de meus intestinos. De repente, meu corpo, em geral totalmente ignorado, sentiu que tinha alguma relevância para meu bem-estar. Cheguei à clínica mais do que nervosa. Mais do que o procedimento, era o interrogatório da Gestapo que me deixava ansiosa. Será que a frequência de meus movimentos intestinais era a correta?

Assim que cheguei, descobri, para meu imenso embaraço, que um velho conhecido ocupava a mesa de recepção. Ele riu quando viu que eu tinha marcado uma irrigação. Maldição, pensei, agora ele ia contar para todo mundo que reconheço que tenho um problema intestinal. Quis me explicar: "Escute, não tenho problema algum, sabe? É que estou querendo melhorar o nível de integração entre corpo, mente e espírito, e achei que era o momento de fazer alguma coisa pelo meu corpo. Não tenho prisão de ventre, síndrome de intestino irritado, diverticulite ou qualquer outro problema, de modo que você pode varrer esse sorrisinho da cara agora". Mas sabia que era inútil. Se eu dissesse tudo o que sabia, ele teria rido ainda mais. Então, aceitei a possibilidade de que na semana seguinte, no *pub*, meus amigos me cumprimentassem com a frase: "Como vai seu probleminha? Fiquei tão triste em saber que você está com problema... bem... nas partes baixas". Vocês acham que eu poderia irrigar meu cólon sem ninguém saber?

Agradeci a Deus por não ser Lady Di. Quando ela fez isso, foi exposta na primeira página de todos os jornais do país. Vi que ela era mencionada num folheto que peguei na sala de espera: "A hidroterapia do cólon se popularizou graças a Diana, princesa de Gales". Talvez mais tarde eles acrescentassem: "e saiu de repente de moda depois de experimentada por Isabel".

A sala era pequena como um consultório médico. Normalmente, gosto dos médicos porque eles fazem com que eu me sinta superior. O que vale no meu posto de saúde é que ali todos eles parecem ser agradavelmente ineficientes. A última vez que fui até lá para me consultar sobre uma distensão muscular sofrida na academia, o médico precisou de uma explicação do que era uma "academia". Ele não parecia conhecer o conceito de exercício e deu a impressão de estar prestes a ter um ataque do coração.

Qualquer médico do posto me dá a oportunidade de me sentir uma privilegiada. Algum acidente grave? Não. Alguma hospitalização? Não. Alguma medicação? Não. Depressão? Não. Alguma doença além de resfriados? Nenhuma. Última vez em que foi ao médico? Não lembro. Sim, sempre me sinto muito feliz depois de uma consulta.

Hoje era diferente. A médica irrigadora parecia saída de um anúncio de vitaminas. E seu interrogatório foi muito mais completo.

– Você tem gases?

– Todo mundo tem, não é?

– Sim, mas uns mais que outros.

Meu rosto adquiriu um leve tom rosado.

– Minha filha poderia dizer.

– Você se sente inchada às vezes?

– Sim, mas lá na academia eles dizem que não faço agachamentos suficientes.

Ela não se perturbava com nenhuma de minhas respostas evasivas.

– Se alguém massageia sua barriga, você sente dor?

– Acho que sim. – Eu não estava indo muito bem.

– Quando acorda de manhã, como se sente?

– Geralmente, morta.

– Quanto tempo dura essa letargia?

– Até tomar um café.

– Entendo. Então você depende do café para dar início ao seu dia? Algum dia você já se sentiu com energia ao despertar?

– Não.

– E sente uma baixa de energia à tarde?

– Sim.

– E as noites? Sente mais energia à noite?

– Sim, eu poderia dizer que sim.

– Quando sua energia atinge o nível mais alto?

– Não sei dizer.

– Quando foi sua última menstruação?

– Lamento, mas sempre perco a conta do meu ciclo menstrual.

– Entendo. E o funcionamento de seu intestino, é normal?

– Comparado com o quê?

– Entendo. – Ela tentava ser simpática. – Às vezes é difícil saber se nosso intestino é saudável. Mas você deve ter alguma ideia. Como são suas fezes? Duras? Moles? Na média?

– Isso não depende do que eu comi? – Olhei para o chão, envergonhada. Na verdade, não era um assunto sobre o qual eu tivesse pensado. – Se não tenho consciência de nada disso, não significa que meu sistema digestivo deve ser normal?

– Bem, vamos ver – ela disse, ameaçadora, e me deu um avental. – Dispa-se da cintura para baixo e deite-se aqui de lado, por favor.

Isso era definitivamente pior que o astrólogo.

Ela falava suavemente enquanto me enfiava um tubo no ânus:

– Agora vire-se de costas, por favor.

– Por que as pessoas fazem isso? – deixei escapar. – Quero dizer, não é natural, é? Com certeza, o alimento passa pelo cólon em harmonia?

– Não, não é assim. E é por isso que o câncer de cólon é o terceiro que mais mata no país. Se todos tivessem dietas naturais de frutas e vegetais orgânicos e vivessem sem estresse, seria diferente.

Ela começou a injetar água morna no tubo.

– Você talvez ache a sensação estranha no começo. – Ainda bem que ela disse isso. – Diga quando for suficiente.

– Basta. – Sorri para ela. Que maneira curiosa de ganhar a vida! O que será que ela responde nas festas, quando alguém lhe pergunta: "O que você faz?" Ela mantinha os olhos atentos ao tubo com um ar de distanciamento profissional.

– Temos dois pedaços de fezes endurecidas aqui. Você está mesmo totalmente cheia? – Freud teria coisas interessantes a dizer sobre isso. Felizmente, não lembrei quais eram. Ela injetou mais água.

– Mas isso é realmente necessário? – Naquele momento eu estava convencida que não. – Com certeza o cólon se limpa sozinho, não é?

– Você está vendo aquele quadro ali? – Ela apontou para um grande quadro pendurado na parede. Virei o pescoço para olhar. – Essa é a forma que o cólon devia ter. E essas são as formas que muitos cólons adquirem. Você vê, quando se formam bolsas, todo tipo de coisa fica preso e libera constantemente toxinas no corpo. – Basta!

Sorri de novo. Meu cólon estava a ponto de explodir.

– Seu sistema parece estar bastante bloqueado.

– Esta semana fiquei de cama por causa de uma gripe. Talvez seja isso.

– Não. Creio que o problema já vem de algum tempo. Você não deve ter percebido. – Ela começou a massagear minha barriga e olhou para o tubo. – Não fique alarmada com o que vou lhe dizer. – De repente, eu estava alarmada. – Você sabe que é muito comum termos parasitas no cólon?

– É mesmo?

– Acho que você está com ascárides.

Aquilo era demais.

– Lombrigas se retorcendo dentro do meu intestino? Vivas ou mortas?

– Estas estão mortas. Mas provavelmente existem outras em alguns cantos, onde elas se sentem confortáveis. Você sempre se sente cansada?

– Todo mundo se sente cansado. – Senti foi um estranho desejo de chorar. Meu exame de saúde intestinal tinha sido um fracasso.

– São muito comuns – ela disse. – Vamos matá-los com ervas que eles detestam. Você se sentirá com muito mais energia. Mais água?

Por um momento, pensei que ela estivesse me oferecendo uma bebida.

– Oh, tudo bem. – Ela olhou para o tubo. Esperei a próxima revelação. – Encontrou alguma colherinha velha? Pedaços de joias? É como esvaziar o saco do aspirador, parece.

– Há mais uma coisa, na verdade.

– Verdade?

– Cândida.

– Que diabo é isso?

– É um fungo. É ele que cria o ambiente que os ascárides apreciam. – Será que ela precisava mencionar de novo as lombrigas?

– Tenho fungos crescendo em meu cólon? Que delícia!

– Também tenho ervas para resolver isso. Você nem vai se reconhecer quando o tratamento acabar.

Pelo menos meu dinheiro ia valer alguma coisa. Suponho que quanto pior eu estivesse, mais valeria o meu dinheiro. Esses cursos que ensinam a focar no positivo de fato valiam a pena.

– Basta por hoje – ela disse, alegremente. – Você vai precisar usar o banheiro agora. Depois, pode se vestir. Por causa dessas ervas que vou lhe dar, nada de álcool e nada de leite.

– Você quer dizer nada de café?

– Eu não disse isso.

– Mas eu tomo café com leite.

– Então não tome.

Eu sabia. A vida é um vale de lágrimas, de sofrimentos e de privações. Quem disser o contrário evidentemente deve ter frequentado seminários estranhos demais.

– Quanto tempo deve durar a abstinência? – implorei, desesperada.

– Dez dias. A partir de amanhã.

Uma amiga que tinha um gosto excepcional para vinhos tinha acabado de me convidar para jantar no dia seguinte. Por que a vida é tão cheia de sacrifícios? Buda nunca disse que eu teria que abandonar o vinho e o café.

– Como está se sentindo? – perguntou a irrigadora, sorrindo, radiante.

– Oh, bem. – Minha vontade era matá-la.

– É muito comum o intestino não funcionar por um ou dois dias depois do tratamento. Procure-me se tiver algum problema. Vejo você na semana que vem.

O tratamento era feito em três sessões.

No dia seguinte a essa primeira experiência emocionante, acordei uma hora antes do que costumava. Pode ter sido uma coincidência, mas a última vez que acordei antes de o despertador tocar não estava armazenada nos meus bancos de memória. Ainda mais estranho foi um inexplicável sentimento de felicidade e bem-estar. Como nenhum americano tinha telefonado, era ainda mais estranho. Normalmente, acordo de mau humor. Onde exatamente estaria Robert Redford, que não estava na minha cama? Eu ia para o chuveiro certa de ser a pessoa mais infeliz do planeta, e só o primeiro café do dia me convencia de que Deus está no céu e tudo está certo no mundo. Mas naquela manhã acordei alegre, fiquei na cama durante uma hora lendo um livro e fui feliz para o chuveiro. Afinal, acho que o corpo tem mesmo algo a ver com a mente.

Naquele dia não tive vontade de comer nada. As ervas para matar os vermes não tinham chegado, e eu estava indignada com a possibilidade de alimentá-los. Não, ia fazê-los passar fome, deixá-los enfraquecidos e então destruí-los. Minha compra de frutas e vegetais orgânicos já era ridícula sem ter o conforto e o bem-estar deles em mente. E pensar que todos esses meses eu vinha me alimentando de orgânicos. Eu devia possuir os vermes mais saudáveis do sul de Londres. Convinha jejuar.

Mas quando as ervas chegaram a vida piorou. Meu breve momento de inexplicável bem-estar passou. Além de não poder consumir laticínios, também não podia comer trigo. Como qualquer um que tenha trabalhado num escritório sabe, o melhor momento do dia é o café e o pão quentinho da manhã. Ser obrigada a iniciar o dia com chá preto não me deixava num estado de bem-aventurança. Todas as pausas para alimentação tornaram-se um sofrimento. "Alguém quer chocolate?" Não podia comer chocolate, porque era considerado laticínio. "Pizza ou massa de almoço?" Não podia comer nenhum dos dois, porque continham trigo. E o pior era a voz alegre da minha colega de trabalho perguntando:

– Vou dar um pulo no Starbucks. Café com leite, Isabel?

– Não, obrigada. Tenho comigo umas ervinhas. – Gargalhadas estridentes para a dedicada bebedora de café que preparava infusões de flores de camomila. Eu me sentava num canto e trabalhava.

– Como é que você abandonou o café? – perguntou uma preocupada colega num tom abafado, como se oferecesse condolências por um luto recente.

– Ah, só achei que devia dar um tempo. – Uma mentirinha covarde. Eu é que não ia contar a alguém sobre os vermes.

– Você encontra a gente mais tarde no *pub*? – perguntou o fofo diretor do novo programa.

– Não, acho que vou pra casa dormir cedo.

Eles me olhavam, sem acreditar. Onde estava a incansável e sociável funcionária que eles conheciam? O que havia acontecido com meu ideal de pular da cama numa manhã de segunda-feira, cheia de vida e energia? Se isso era ser mais saudável, eu estava fora.

Minha segunda sessão de irrigação começou mal. Na sala de espera, peguei por acaso um artigo sobre cândida numa revista de saúde.

> Além de cortar álcool, chá e café, é aconselhável evitar frutas e açúcar quando estiver tentando eliminar a doença. Não beba sucos de frutas, porque a concentração de açúcar é atraente para os fungos. Beba suco de limão fresco com muita água – de 2 a 4 litros por dia.

Ah, adorei essa parte!

Quando a sorridente e saudável irrigadora chegou, eu não estava feliz.

– Como você está hoje?

Havia uma leve insinuação de ameaça em seu sorriso quando ela me admitiu em sua salinha enfeitada com flores frescas?

– Com muita raiva – respondi. – Você me disse para não beber café ou chá, não posso comer pão, nem massa, nem pizza, não posso beber álcool nem comer chocolate, nem queijo, nem iogurte, nem *pretzels*, bolinhos com passas ou *muffins* de limão com sementes de papoula no Starbucks. E agora este artigo me informa que não devo comer frutas.

Ela sorriu, apaziguadora. Eu me enfureci.

– Prefiro ter vermes do que morrer de fome. O que tenho permissão para comer? Batatas, cenouras e cogumelos, suponho.

– Na verdade... pode vestir este avental, por favor?... esses são os únicos três vegetais que não são bons. Os fungos prosperam na batata; a cenoura tem um alto teor de açúcar; e os cogumelos são fungos e, naturalmente, devem ser evitados.

Sentei-me na maca em total desespero.

– Você pode me dar uma lista do que posso comer? – pedi, enquanto ela iniciava o segundo tratamento.

– Sim, claro. Ah, há uma grande melhora esta semana.

– É mesmo? Que tipo de melhora?

– Muito mais movimento. Posso ver que você tomou as ervas. Há um material antigo aqui.

– Velho de que idade, exatamente? – perguntei, tentando parecer interessada na ciência. – Dias? Semanas? Meses? Anos?

– É difícil dizer, mas, a julgar pela textura e pela cor, eu diria que é bastante velho.

– Entendo. – Decidi que não gostava da cor do seu batom. – E então, o que posso comer?

– Massa feita de arroz ou milho você pode. Só não pode trigo.

– Imagino que eles não servem isso na Pizza Hut onde costumo almoçar.

– Não, mas se você vai comer em *fast-foods*... – Sua voz sumiu de tanto nojo.

– O que mais, então? O que posso comer em quantidades ilimitadas? – Eu tentava parecer entusiasmada com minha nova dieta.

– É bom beber o máximo de água possível. Mas em todas as outras coisas, moderação e equilíbrio são fundamentais.

De repente, ela me lembrou uma peregrina puritana: "Moderação em todas as coisas, irmãos".

– Não concordo com o que esse artigo diz sobre frutas, mas não coma bananas e laranjas demais.

Ela tinha um talento especial para acertar meus preferidos. Então, alguma coisa no tubo chamou sua atenção.

– Mais cândidas? – perguntei, deprimida.

– Não, alguns parasitas já morreram. – Eu não podia culpá-los. Eu mesma me sentia fraca.

De repente, ela pareceu muito séria.

– Você mastiga direito os alimentos?

– Acho que como muito depressa. Foi isso o que você quis dizer?

– Evidentemente. Quando o alimento passa sem ter sido digerido, me diz que você não se preocupou em mastigá-lo. Se você não vai mastigar sua comida, é melhor nem comer. É o que deduzo pela quantidade de matéria vegetal não digerida que vejo.

– Vou colocar um aviso na geladeira: "Coma devagar" – prometi.

– Você pode comer pão de centeio ou de escândea.

– Escândea?

– Sim, ES-CÂN-DE-A, trigo-durázio. E pode tomar café de cevada com leite de soja.

– Será que encontro isso na minha padaria?

– Não sei. Costumo comprar esses produtos numa loja de artigos naturais perto de casa.

Foi por isso que a loja de produtos naturais da Battersea Park Road fechou e foi substituída por uma funilaria.

Minha sessão estava chegando ao fim.

– Você foi muito bem hoje – ela disse, sorrindo para o tubo. – Foi uma grande melhora desde a última vez. – Ensaiei um sorriso. – Gostaria de uns suplementos fitoterápicos para ajudar seu organismo a se livrar das toxinas produzidas pelas cândidas?

– Acho que sim.

– Tudo bem, vou lhe dar alguns. E tente ter mais consciência de seu corpo nas próximas semanas. Observe os efeitos de comer muito tarde da noite. Em geral você vai acordar com preguiça. Veja como se sente depois de comer diferentes tipos de alimentos: quando se sente energizada e satisfeita ou inchada. Quando eu lhe fizer perguntas da próxima vez, você terá mais consciência de como seu corpo funciona.

– Tudo bem. – Vesti minha jaqueta amarela fluorescente de ciclista e pedalei para casa, louca por uma fatia de pão preto alemão.

Duas semanas se passaram até minha terceira e última sessão de irrigação. As ervas já tinham tido tempo de fazer o seu trabalho. Peguei uma gripe e perdi uns 3 quilos. Evidentemente, o choque de viver sem vermes pela primeira vez em anos foi demais para o meu pobre cólon.

– Como você está? – Eu gostaria que ela tivesse pegado uma gripe também, mas a senhora irrigadora parecia irritantemente saudável, como sempre. Tossi no meu lenço. – O corpo está se desintoxicando por conta própria – ela disse, alegre.

– Não, peguei uma gripe.

– Sim, é a mesma coisa. O corpo limpou o cólon e agora está limpando os pulmões. Como você está se dando com a dieta?

– Muito mal.

– Precisamos ver outras coisas que você possa comer. Pode se despir, por favor? Notou alguma coisa diferente no seu corpo?

– Meus seios não cresceram. – Silêncio. Acho que devia falar sobre meu cólon. – Se passo alguns dias sem trigo e então como pão, minha barriga estufa e me sinto grávida o dia todo.

– Então sua consciência corporal está melhorando. – Ela sorriu, vitoriosa.

– E agora estou muito regular.

– Excelente. Tem tomado as ervas?

– Sim, todos os dias. – Eu devia andar com um distintivo: TOMEI MINHAS ERVAS.

A essa altura eu já estava de novo deitada naquela posição indelicada, com ela olhando o conteúdo do tubo conectado ao meu traseiro.

– Estou vendo muito mais liberação esta semana. Isso é excelente. Alguns velhos parasitas e montes de cândidas estão sendo expulsos.

Eu já começava a me sentir alegre porque os vermes estavam finalmente mortos quando ela disse:

– Quer ver?

– Acho que sim. – Eu queria? Não tinha certeza.

– Sente-se devagar, então.

Ainda bem que este livro não é ilustrado.

– Se olhar para o tubo... – Ela falava como uma professora de biologia discutindo um projeto científico. – Inicialmente as cândidas podem parecer brancas e escamosas como muco, mas as suas são pontos pretos. Vê? Elas se depositaram no fundo.

– Estou vendo.

– Isto são fungos velhos. – Eu me perguntei se queria saber disso. – São quantidades imensas deles. Raramente vi um caso tão ruim. E estamos só começando a liberá-los. É efeito das ervas. Elas criaram um ambiente desfavorável aos fungos, e alguns começaram a se soltar. Você vê quantos são?

– Hã-hã.

– Agora vou ensiná-la a massagear a barriga. Dê-me sua mão. Você deve fazer a massagem em movimentos circulares, no sentido horário, da direita para a esquerda. Agora, se eu pressionar aqui...

– Ai!

– Isso são gases presos. Você pode soltá-los com essa massagem. A ideia é que você seja capaz de sentir. Tudo bem, agora pode se vestir. Você vai precisar ingerir acidófilos para criar o tipo certo de bactérias no intestino e fitoterápicos para remover as toxinas e desintoxicar o intestino delgado. Só a dieta não é suficiente.

E pensar que eu tinha ido até lá porque queria ficar supersaudável!

Pedalei de volta com meus três potinhos de ervas. Tudo bem, eu não estava supersaudável, mas pelo menos minha barriga estava agradavelmente lisa. Meus vermes tinham ido se juntar ao reino espiritual. (Será que os vermes vão para o céu?)

Sim, era uma sensação agradável de orgulho. Eu estava praticando "medicina preventiva", como o governo queria. E ajudando os fabricantes de pão preto a se manterem no mercado. Mas estava contente que tivesse acabado.

Virei a bicicleta na direção do Starbucks.

Fase 9

Nascer de novo

– Você precisa perder o controle da respiração. Renascer é o que deve fazer quem tem problemas de controle.

Depois de seis semanas de CoDA, eu não tinha mais dúvidas de que era uma controladora.

– Pensei que renascimento era para pessoas que tiveram um nascimento horrível – disse a uma parteira alternativa que vivia perigosamente perto da Battersea Park Road.

As coisas não andavam bem. O contrato com a tevê terminara. Depois que deixei de sair com meus colegas para almoços à base de trigo e eventos sociais regados a álcool, talvez não voltasse a trabalhar naquela empresa. O futuro imediato estava ocupado na minha agenda com a expressão: "deprimida pela situação profissional". O desemprego perpétuo me ameaçava. Relacionamento amoroso, nenhum. No horizonte havia dois homens casados na expectativa de se tornarem infiéis e uns dois companheiros de jantar que me davam uma vontade incontrolável de dormir. Em casa agora havia uma adolescente infeliz com minhas ideias radicais de levantar da cama antes do almoço. E o gato tinha morrido. Nascer de novo era uma solução óbvia.

– Renascer é liberar lembranças, sentimentos ou dores armazenadas na memória celular.

– Tenho células traumatizadas? Entendo. E como é esse tratamento?

– Existem dois métodos: um em grupo e outro em que são apenas você e um "renascedor".

Sempre me sinto feliz em grupo. Trabalhar sozinha me parecia mais assustador. Mas eu precisava mesmo derrubar algumas muralhas de proteção e deixar que ela visse algumas rachaduras em minha carapaça masculina.

– Sinto que trabalhar com uma pessoa só seria um desafio maior. Por isso vou preferir esse método.

Maldito Seminário da Percepção e seu conceito de "zona de conforto".

– É mesmo? A maioria das pessoas acha o grupo mais ameaçador.

– Acho que estou me especializando em trabalhos de grupo, mas fiz muito pouco trabalho individual. Quantas sessões seriam necessárias?

– Em geral, dez. Mas faça três e veja como se sente.

Dez?, pensei. A 30 libras por sessão? Será que nascer para o mundo uma vez não bastava? Não tinha muitas expectativas sobre o que podia acontecer. A única pessoa que conheço que tinha renascido disse: "Ah, mudou minha vida". E acrescentou: "Como tudo o mais que já fiz". E a ideia de me deitar na casa de uma mulher desconhecida era assustadora. Mas decidi que, em vez de meu currículo e aguardar uma gentil carta de rejeição, poderia renascer na segunda-feira de manhã.

Na semana seguinte, montei em minha confiável bicicleta e pedalei pela ponte Chelsea até Pimlico. Cerca de dez minutos depois, estava bebendo um chá revitalizante. Minha anfitriã devia ter uns 50 anos. Era uma mulher calorosa, maternal e sofisticada, com uma versão inteligente do sorriso *new age*. Tinha longos cabelos esvoaçantes e uma longa saia esvoaçante, como era de se esperar, mas também um profissionalismo reconfortante. Seu gosto em matéria de arte era um tanto espiritual. A parede parecia uma edição do *Quem é quem no paraíso*.

– Quem são esses? – perguntei, apontando os vários rostos emoldurados na parede.

– Todos os grandes mestres espirituais. – Ela sorriu. – Um para cada um.

– Aquele é o meu – eu disse, apontando a imagem de Cristo. – Quem é o personagem flutuando acima da sua cabeça?

– É uma deusa indonésia.

– Ela é muito *sexy*. – Pensei que Cristo teria gostado de ter uma deusa indonésia em sua vida, em vez de todos aqueles pescadores e coletores de impostos que não entendiam nada do que ele dizia.

– Você sabe de alguma coisa sobre seu nascimento? – ela perguntou, acomodando-se numa almofada com papel e caneta.

– Tudo o que sei por registros sobre o meu nascimento é que tinha "os pezinhos mais lindos". Como minha mãe já morreu...

– Como foi o nascimento de sua filha?

– Eu estava com 24 anos e correu tudo bem. Mas foram dezoito horas da primeira contração até o nascimento. Ela estava tão feliz no útero que não queria sair.

– Isso é bom. Em geral o nascimento do primeiro filho é um espelho do nosso nascimento. Existe alguma razão particular para você procurar o renascimento? Como é que chegou até aqui?

– Vim pedalando desde a Battersea Park Road. – Ela sorriu educadamente. Houve uma longa pausa. Eu não sabia por onde começar. Então disse: – Não sei.

– Não importa. O que vai acontecer é que você vai se deitar nessa cama e respirar de uma certa maneira. É uma respiração alta, de peito, como a primeira respiração do bebê depois que o cordão umbilical é cortado. Você não expira com força, apenas relaxa e inspira de novo, sem pausa. É uma forma circular de respiração. Leva cerca de hora e meia. Você vai perceber que, quando faz isso, certos sentimentos e lembranças vêm à tona, e seu corpo experimenta diferentes sensações. Essa respiração permite que seu corpo libere acontecimentos dolorosos que ficaram armazenados num nível celular.

Olhei para ela, horrorizada. Por que aquilo era tão assustador? Talvez porque sou controladora. Será que estava pronta para entregar o controle da minha respiração e do meu corpo àquela mulher? Senti, num nível celular, que minha *bike* me chamava para me levar para casa. Se pelo menos Robert Redford estivesse ali agora... tenho certeza de que poderia me deitar e respirar pesadamente. Estava novamente fora da zona de controle.

– Então, gostaria de se deitar?

De repente, a cama parecia uma maca de hospital envolta em cobertas requintadas. Mas ao primeiro pedido eu podia atender. Sim, podia me deitar.

– Inspire, assim. – Ela demonstrou e eu a observei. Depois fechei os olhos e copiei o seu ritmo. Enquanto eu respirava, ela me dava as instruções: – Bom. Não force a expiração. Deixe que o ar saia naturalmente. – Concentrei-me, respirando no alto do peito, sem fazer uma pausa entre uma respiração e outra. – Isso enche seu corpo de oxigênio – disse uma voz que parecia ir desaparecendo ao fundo.

Meu corpo estava começando a perceber estranhas sensações. Mãos, pés e têmporas formigavam. As panturrilhas pesavam como chumbo. A fala começava a ficar inteligível, e já não sentia nada do pescoço até as pernas. Ela massageava meu pés e tocou num ponto doloroso.

– Aqui é o lugar do medo – ela disse. – Do que você se lembra?

De repente, eu estava em meu quarto de criança. Os cantos do quarto estavam escuros e cheios de olhos que me espiavam. Fantasmas e monstros se escondiam atrás das cortinas. Esperavam que eu adormecesse para me pegar. Eu sabia que eles estavam lá. Podia senti-los. Mamãe e vovó estavam lá embaixo, vendo tevê. Eu não conseguia respirar. Algo estava mexendo na cortina.

Depois, estava num cercadinho. Minha avó tinha saído e me deixara ali. Eu não podia sair. Odiava todos aqueles brinquedos. Só queria que ela voltasse. Gritei e chorei até me cansar, e acabei dormindo.

– Minha avó me deixava ali todos os dias – eu disse.

– Sim – ela disse suavemente. – Eles achavam que não havia mal nenhum em deixar uma criança chorar.

Aquilo era muito estranho. De onde tinham vindo aquelas lembranças? Meus braços e pernas tremiam. Era uma sensação curiosa.

– O que você sente no corpo?

– Está entorpecido. – Tentei falar, mas a capacidade da fala parecia ter me abandonado. Meus amigos iam me aconselhar a visitar essa senhora regularmente. – Minha língua parece não estar funcionando – gaguejei.

– Continue respirando. Não force a expiração.

Surgiu uma dor na lombar.

– Ai... dói – resmunguei.

– Fique de lado e continue respirando. Aqui? – ela perguntou, pondo a mão no lugar exato.

– Humm.

– Isso é falta de apoio. Nada surpreendente para uma criança que não teve pai. Você já tomou anestesia?

– Humm.

– Através de uma injeção na base da coluna?

– Sim. – Eu me esforçava para fazer os órgãos da fala trabalharem. Ela massageou minha lombar. A dor ficou mais forte. – Está doendo muito.

– Não se preocupe, já vai passar. Continue respirando.

Eu respirava. Ela massageava. Lentamente, a dor começou a se dissipar. As panturrilhas ainda pesavam como chumbo. Mãos, pernas, pés e panturrilhas continuavam formigando. Perdi a noção do tempo. Não sei quanto tempo fiquei ali deitada, formigando.

– Agora, relaxe – ela disse, suavemente. – Seria bom você esvaziar a bexiga. Não se mexa depressa. Sente-se bem devagar.

– Estou bem – eu disse.

– Eu sei. – Ela sorriu. – Mas mesmo assim apoie-se em mim.

Ela me pegou pelo braço. Eu me sentia um pouco tonta e não sabia direito onde estava. Percorrer as escadas foi um experiência engraçada, como se estivesse bêbada. Mas, quando voltei à sala um minuto depois, eu tremia.

– Volte para debaixo das cobertas – ela disse.

– Por que estou tremendo? – perguntei. – Não estou com frio.

– É seu corpo se livrando do medo. Qual é a sua história ancestral sobre o medo?

Ou ela era muito esperta, ou tinha sorte.

– É engraçado você perguntar isso. Minha mãe era de uma família inglesa muito antiga. Tinha seu próprio brasão e tudo o mais. O lema sob o brasão é "*Sans crainte*", ou seja, "sem medo".

– Para você, isso foi uma coisa boa e ruim ao mesmo tempo, porque todo o medo que você sentiu foi reprimido e ficou preso no corpo. Esse tremor o está liberando.

Então, lentamente, o tremor cessou e comecei a sentir calor. O lugar onde doía estava quente e confortável. Ela tirou as cobertas de cima de mim. Foi uma bênção.

– Meu Deus! – eu disse. – Que sensação maravilhosa! O que está acontecendo?

– A respiração mostra o que precisa ser curado. O peso nas pernas é a tristeza contida. O entorpecimento por todo o corpo... bem, você precisa pensar no que ficou anestesiado e por quê. A fala bloqueada mostra que você não está se expressando plenamente. A dor que você sentiu podia ser seu corpo liberando a lembrança da anestesia ou uma sensação relacionada à falta de apoio que você sentia. Seja o que for, já saiu de sua memória celular. Aceita um chá?

– Humm. – Eu me sentia muito eloquente.

– Ainda não terminamos. Quero lhe dar algumas afirmações.

Ela trouxe chá de morango e biscoitos de chocolate com gengibre, e depois escreveu num pedaço de papel:

> Agora estou pronta para me livrar de meus padrões ancestrais.
>
> Agora estou pronta para que minhas necessidades sejam atendidas.
>
> Agora estou pronta para receber amor e apoio dos homens.

– Isto são crenças transformadoras – ela disse. – Você precisa trabalhar com elas todos os dias. Repita-as quantas vezes você costumava repetir as crenças contrárias, como: "Nunca tive um homem em minha vida".

– Muito bom. Será que posso acrescentar a palavra "disponíveis" à última?

– Diga-a como se adaptar a você. – Ela foi flexível ao readaptar minhas crenças. Sempre um bom sinal.

– Quando posso voltar? – Eu estava planejando ignorar sua sugestão de três sessões. Agora, a codependente que havia em mim queria voltar correndo para a próxima sessão e dizer: "Vamos ao renascimento. É muito mais divertido do que focar nas falhas de caráter". Por que escolher uma terapia que nos deixa infeliz?

– Agora você precisa ir. – Ela me despertou daquele êxtase de sonho desperto. – Tenho outro cliente.

Foi difícil deixar aquela nova mãe logo depois do nascimento.

Subi na minha *bike*. Sim, eu tinha renascido e até me sentia evangélica de novo. Queria contar a todo mundo. Precisava de uma bandeira, um tambor e um megafone. Sempre tive vontade de me filiar ao Exército de Salvação.

A segunda sessão foi diferente. Depois que terminou, não consegui lembrar nenhum detalhe. Só me lembrava de que minhas mãos pareciam luvas de borracha e estouravam como um balão de gás. Ela disse que as mãos têm a ver com pedir. Eu precisava pedir o que queria. E não tive vontade de gritar: "Mas eu peço. Eu pedi. Pedi ao último homem que amei que ficasse comigo". Não pensem que foi Simon. Não, foi... Bem, não vou contar todos os meus segredos. Também não contei a ela. Não disse nada, e recebi outra afirmação que me fez rir: "Agora estou pronta para estar com o homem que quero – e que me quer".

Vocês já ouviram algo tão absurdo? Atração mútua. Talvez isso possa acontecer no planeta Zog, mas todo mundo sabe que é impossível nos relacionamentos humanos. Peter ama Jane, que ama Tom, que é *gay*. Certo?

Admito que, vez ou outra, Jane pensa que ama Peter e eles se casam – mas então Peter descobre que seria mais feliz com Susan, irmã de Tom. Peter então deixa Jane e vai viver com Susan (mas tem que dar tudo o que ganha a Jane), e Jane termina passando as noites com Tom e seus amantes. Então um dos amantes de Tom fica confuso e tem um caso com Susan, que estava chateada com Peter e também confusa com a atenção de Liz. E Susan e Jane acabam ficando juntas com os filhos e se queixando de que não existem homens interessantes no mundo. Escrevam suas variações com base em seu grupo de amigos.

A única coisa que todos nós sabemos é que nunca, em nenhum momento, duas pessoas se sentem mútua e igualmente atraídas. E agora aquela mulher maluca queria que eu repetisse essa peça de ficção enquanto respirava profundamente sob uma coberta de seda. Ela me fazia perguntas, mas eu não respondia. Qualquer pergunta capaz de me aproximar de uma emoção foi ignorada. Minhas mãos explodiram e fizeram uma sujeira em seu lindo tapete. E foi tudo.

Vocês ouviram os pés batendo? Eu não queria ser curada de nada por aquela mulher. Não queria deixar nenhum dos meus problemas para trás. Minha resistência foi tão grande que até eu notei. Voltei daquela sessão tão furiosa que escrevi num caderno: "Não quero chorar com uma mulher na sala. Prefiro permanecer bloqueada. Não quero aprofundar esse trabalho. Não me importa que ela seja compreensiva. Não vou deixar meu escudo cair diante dela. Não quero fazer isso. Não tenho que fazer isso".

Era resistência, tudo bem. Antes eu tinha brincado sobre meus problemas de controle. Agora eu os sentia em estéreo, em cores e por todos os lados. Então uma voz soou na minha cabeça:

"Isabel, o que você diria para alguém que gritasse que não quer ir ao médico?" Era óbvio que essa pessoa precisava ir ao médico. E não a qualquer médico, mas àquele ao qual ela não queria ir.

"Não quero trabalhar com uma mulher", gritei, furiosa comigo.

"Então trabalhe com uma mulher."

"Mas eu é que vou estar no controle. Vou mostrar a ela como sou durona. Não quero parecer vulnerável."

"Por que não?"

"Porque não quero que ela veja o sofrimento subjacente."

Não parei para perguntar de onde vinha essa voz de sabedoria. Apenas ouvi, mal-humorada. Não que aquela mulher fizesse mal o seu trabalho ou eu não gostasse dela. Eu gostava dela e do modo como ela trabalhava. Esse era justamente o problema. Ela trabalhava com tal sensibilidade que era difícil se esconder dela.

Eu podia chorar com um homem, mas não com uma mulher. Era evidentemente uma questão não resolvida com minha mãe, que me dera o modelo de "mãe solteira e forte". Mas saber a razão do medo não tornava as coisas mais fáceis. Só tinha uma coisa a fazer. Dane-se o caminho da iluminação. Eu tinha que voltar atrás.

Há uma coisa que preciso explicar a vocês. É essa coisa de "crença transformadora". A ideia era eu dizer: "Estou pronta para estar com o homem que quero e que me quer". Mas, com base na atual realidade (e apesar do CoDA), não estou com ninguém.

Vocês podem aplicar a seguinte teoria irritante a qualquer coisa que vocês queiram mas não tenham. Basta ter uma resistência subconsciente em relação a isso e que, de alguma forma, o mundo saiba disso. Então, se eu começar um relacionamento com um homem com quem quero passar a vida e pensar, mesmo num nível inconsciente: "Naturalmente, você não me quer", ele vai captar isso e desistir.

Se alguém tiver a crença de que nunca vai ser rico, adivinhem o que vai acontecer? Não será. Algumas ideias são tão claras que deixam a gente louca. Há os que acham que podem e os que acham que não podem, e todos estão certos.

Então, precisamos mudar a crença. Mas é mais fácil falar do que fazer. Minha "renascedora" me sugeriu o seguinte método. Escreva sua nova crença e, ao lado dela, a objeção que lhe venha à mente. Depois escreva a nova crença de novo, várias vezes. Você verá seu pensamento mudar diante de seus olhos.

Então, vou "compartilhar" com vocês o meu "processo".

1– Estou pronta para estar com o homem que quero e que me quer.	Parece uma lição de casa idiota, e essa mulher é maluca.
2– Estou pronta para estar com o homem que quero e que me quer.	Porcos voadores costumam aparecer na Battersea Park Road.
3– Estou pronta para estar com o homem que quero e que me quer.	As nuvens são feitas de algodão-doce, e a lua é feita de queijo.

Umas cinquenta vezes depois, parei de brincar e comecei a procurar um nível mais profundo. Escrevi:

57– Estou pronta para estar com o homem que quero e que me quer.	Estar com esse homem, como? Não consigo nem conhecer um.
58– Estou pronta para estar com o homem que quero e que me quer.	Mas todos os que gostam de mim são chatos, e o único que acho que quero não me quer.

Depois de 198 tentativas, descobri a conexão.

Mas meu pai nunca quis minha mãe. Se minha mãe nunca teve isso, por que eu teria?

E:

Minha avó perdeu o marido e minha mãe me criou sozinha. Por que eu deveria ter um homem que amo em minha vida?

Então era isso que ela queria dizer quando falou em padrões ancestrais. Seria essa a base da afirmação de que os pecados dos pais passam para os filhos? Não é Deus quem nos castiga com essas crenças. Somos nós que as adotamos – da mesma maneira que herdamos a capacidade de correr ou desafinar.

Se não quero que minha filha herde essa crença, tenho que mudar. Escrevi a "nova crença" mais umas cem vezes, com todas as objeções. Finalmente, cheguei a: "Sim, é verdade". Por hoje, pelo menos... Reprogramar o cérebro é um trabalho exaustivo.

Eu me divertia pensando no tipo de homem que gostaria de ter. Um homem com a mente de Louis de Bernières, que escreveu *O bandolim do capitão Corelli*, e a aparência de Robert Redford. De novo: se ele tivesse o talento e a compaixão de Bernières, não me importaria que ele se parecesse com Quasímodo.

Senti uma coragem momentânea e marquei minha próxima sessão.

Na semana seguinte, subi na minha *bike* sentindo-me extremamente vulnerável. É certo dizer que, se você pedalar usando um capacete, estará segura, mas não há proteção contra um renascimento. Por um instante, brinquei com a ideia de pedalar sob um caminhão e pegar um atalho no caminho da iluminação. A manchete seria interessante: "Isabel alcança a iluminação na Battersea Park Road". Mas então me lembrei dos biscoitos de chocolate com gengibre que ela servia no fim da sessão. Será que existem biscoitos de chocolate com gengibre no nirvana? Como eu não tinha certeza, era melhor não arriscar e ficar no plano terreno mais um pouco.

Naquela manhã, uma amiga me perguntara: "Se você odiou tanto, por que voltou?" Tive que explicar tudo sobre zona de conforto e os benefícios de enfrentar coisas a que temos resistência. Ao tentar convencê-la, quase me convenci. Mas não muito.

Continuei pedalando, determinada a levar o trabalho a um nível mais profundo – apesar do medo. Mas o sr. Masculino já estava infeliz: "Odeio todo esse apoio e compreensão... todo esse sentimentalismo", ele disse. "Não podemos apenas ir para a academia?" De repente, entendi por que tantos homens têm medo das mulheres. Nós queremos falar sobre "sentimentos", nós "compreendemos"... e isso intimida.

Sempre que uma amiga pergunta: "Como está se sentindo?", meu lado masculino está pronto para sair e aprender críquete. Pode ser muito invasivo e produzir mais uma reação de bloqueio do que a disposição de me abrir. Há anos as mulheres se queixam (não eu, claro) de que os homens não falam com elas. Portanto, não façam a pergunta, garotas! De qualquer forma, descobri que a maioria dos caras se relaciona melhor com uma boa chupada. Quando quiserem falar, falarão.

Meu lado masculino e eu acorrentamos meu confiável corcel (ou seja, minha *bike*), vesti minha armadura e caminhei em direção à casa. Uma planta gritou para mim: "Água!", e eu parei e a reguei. A "renascedora" sorriu benevolente, reconhecendo minhas frágeis tentativas de adiar o trabalho por trinta segundos. Sentei-me e disse:

– Não gosto de você porque você é compreensiva e solidária. E também não gosto de sua lição de casa idiota.

– Como você se sente em relação à afirmação: "Os homens querem ficar comigo"? – ela perguntou. Tentei repetir a frase, mas não pude evitar uma risada cínica. – Temos mais trabalho a fazer – ela disse. Altamente treinada, vocês veem. – Você gostaria de se deitar e começar a respirar?

– Não, não gostaria.

Eu esperava desviar o caminho da sessão com uma demonstração de resistência. Não adiantou.

– Deite-se e respire, e grite tudo o que não quiser gritar – ela ordenou gentilmente.

Comecei a sentir um formigamento por todo o corpo.

– O que você está sentindo no corpo? – Não respondi. – O que está acontecendo em seu rosto? – Mais uma vez, não respondi. Não é que não quisesse responder. Não me sentia segura. Lá estava eu, deitada no sofá de uma mulher experiente e compreensiva que só queria me ajudar. Infelizmente, ela estava um passo à frente.

– Não se sente segura?

– Não.

– Você se sentia segura com sua mãe?

– Não.

– Então, como um bebê sem pai, você assumiu o papel de criança corajosa e se tornou a protetora de sua mãe? – Continuei respirando e tentei ignorá-la. – Já se sentiu segura com alguém?

Maldita! Tinha pegado um nervo. Lembrei do único homem com quem me sentira segura. Ele também tinha me deixado. Como meu pai. Antes de me conhecer. Transformando-me na criança que tinha perdido o pai, ela tinha chegado a toda a dor que estava enterrada em algum lugar dentro de mim por causa do homem que eu tinha desejado e perdido. As lágrimas começaram a me escorrer pelo rosto. Eu queria gritar: "Não, por favor, não vá. Por favor, me dê uma chance". Há tanto tempo eu queria me sentir segura e protegida! Até onde podia me lembrar, eu me obrigara a ser forte. Finalmente, tinha conhecido um homem mais forte que eu, e ele também tinha me abandonado.

– No que você está pensando? – disse a sra. Simpatia e Compreensão.

Com certeza eu não ia lhe contar. Então, de repente, uma imagem veio em meu socorro.

Eu me vi criança, correndo descalça sobre os pedregulhos da praia de Brighton. As pedras machucavam, mas eu queria ser forte. Não queria sentir dor. Caminhava todos os dias na praia, recusando-me a calçar sapatos para proteger os pés. Era um sofrimento. Acho que não era muito sofisticada na maneira de escolher entorpecer sentimentos. Mas funcionou.

– Quais são as sensações de seu corpo?

Minhas mãos ainda formigavam, assim como as pernas. Além disso, não sentia praticamente nada. Estava entorpecida.

– Quase nada – choraminguei.

– Tudo bem. Relaxe agora – ela sussurrou. Comecei a chorar de novo.

– Por que, quando conheço alguém que poderia amar de verdade, ele não me quer? – eu gemia como a criancinha de 2 anos em que ela tinha me transformado. Maldita respiração!

– Talvez você lhe tenha dito para ir. Ou talvez fosse um problema dele. Quem sabe? Mas você não vai mais fazer isso, não é? Porque os homens que você deseja ficam com você, não é?

Apesar de tudo, aquela mulher tinha senso de humor. "Os homens que eu desejo ficam comigo." Eu me vi dizendo a frase num filme de Woody Allen.

A sessão terminou.

– Foi tudo bem. – Ela parecia compreensiva de novo.

– Por que está sendo gentil comigo? Não fiz nada para você – gemi.

– Fizemos um excelente trabalho hoje. Você se permitiu ser vulnerável, apesar da resistência a trabalhar com uma figura maternal. E descobrimos que você nunca se sentiu segura ou protegida, e que tem a tendência a entorpecer seus sentimentos. É só uma questão de trazer essas coisas à consciência e superá-las, como você está fazendo. Ótimo trabalho.

Eu me senti patética. Mas então ela trouxe o chá de morango e os biscoitos de chocolate com gengibre, e pensei que este mundo é um lugar maravilhoso, cheio de alegrias e prazeres. Senti até uma passageira afeição por Julie Andrews.

Então ela disse: – Vou lhe dar o telefone de Roger Woolger, um amigo meu que trabalha com vidas passadas. Acho que seria importante para você ir vê-lo. – E colocou um pedacinho de papel na minha mão.

– Não acredito em vidas passadas.

– Não achei que você acreditasse. Mesmo assim, telefone pra ele. Você pode se surpreender.

Pedalei de volta para casa me sentindo emocionalmente irrigada. Talvez fosse bom que as sessões tivessem acabado, mas eu tinha um sorriso no rosto para todo mundo. Até parei a bicicleta no parque para fazer um afago num cão simpático. Vinha repetindo as afirmações diariamente e, embora seja mais fácil engolir umas ervas, estava começando a me convencer de que o trabalho de reconexão estava feito. Os homens querem ficar comigo? Eles não são loucos de não querer.

Mas vidas passadas? Vocês devem estar brincando...

Fase 10

Vidas passadas com portas de madeira

Eu estava sendo perseguida por um pedaço de papel. Em algum lugar, perdido no fundo de uma bolsa a tiracolo bagunçada, algo sussurrava "vidas passadas" e um número de telefone. Aguentei duas semanas, mas então a curiosidade levou a melhor novamente. Liguei. Uma eficiente voz de secretária me informou que não seria possível agendar uma sessão particular, já que "o dr. Woolger vive na América e raramente vem a este país. Posso lhe enviar informações sobre seu *workshop*, mas você precisa ler seu livro antes". Lição de casa antes do *workshop*? Isso era novidade. Evidentemente, eles estavam determinados a me impedir de levantar dúvidas ingênuas ou mal-informadas sobre minhas prévias encarnações. Esses americanos são demais.

Other lives, other selves (Outras vidas, outros seres) caiu dentro da minha caixa de correio com uma pancada. Era tão pesado que me despertou de meu sono inconsciente. A capa mostrava a silhueta de um homem sem rosto emergindo por entre nuvens. Pelo menos, esses livros americanos *new age* são sempre de fácil leitura.

Para não bancar a tola, eu teria que atravessá-lo. Em dois dias. Era um boa oportunidade de me deitar ao sol usando o filtro solar fator 50 obrigatório, que impede qualquer bronzeado. Suponho que alguém tem que viver desse jeito para manter a economia equilibrada, certo? Alguém tem que gastar dinheiro em vez de ganhar, não é? Algum dia ainda preciso estudar economia.

Enchi uma caneca de café, peguei uma manta e me deitei no jardim. Tive o cuidado de levar meu telefone celular para não perder todos os telefonemas importantes de emissoras de tevê, homens disponíveis que me desejam, etc.

Antes de abrir o livro, notei o subtítulo: "Um terapeuta junguiano descobre vidas passadas". Senti o peso da ignorância sobre mim. Por que nunca estudei Jung? Isso ia ser tão ruim quanto o tempo que passei com os infernalmente bem-educados cristãos. Li o primeiro parágrafo:

> Em meados dos anos 1960, quando me formei na Oxford University em psicologia comportamental e filosofia analítica, minha mente foi posta numa camisa de força cuidadosamente talhada, embora na época eu não soubesse disso.

A ideia de estudar minhas vidas passadas com um inglês era difícil de aceitar. Pensar em "compartilhar" isso com um ex-aluno de Oxford estava além da minha imaginação. E logo comecei a desejar ter estudado em Oxford, em vez de passar a infância cantando. Comecei a ver observações colocadas à margem das páginas: "Ler sobre teosofia", "Que parte da psicologia é a parapsicologia?", "O que é criptamnésia?" As referências literárias eram abundantes. O dr. Woolger presumia com a maior naturalidade que eu tivesse lido *Édipo rei, Os irmãos Karamázov* e *Rei Lear*. Sempre tive a intenção de ler *Memórias, sonhos e reflexões*, de Jung, mas nunca cheguei a fazê-lo. Jamais admitiria isso num jantar. Supunha ainda a leitura do *I Ching e a cabala,* a prática de diversas formas de meditação e o estudo detalhado do *Livro tibetano dos mortos*. Evidentemente.

O dr. Woolger estava certamente decidido a evitar perguntas desnecessárias em seu *workshop*, de modo que pudesse trabalhar todos os principais campos do pensamento sobre o tema da vida anterior à concepção. Vou oferecer a vocês uma versão supercondensada.

O primeiro grupo de pessoas que alega saber alguma coisa sobre o que meu ex chamaria de "total absurdo" são os médiuns. Até onde sei, são pessoas interessantes, que gostam de se comunicar com o espírito das avós mortas e de "psicografar" livros escritos por seres do "outro lado", de modo a não ter que se preocupar com a pontuação. Os médiuns são extremamente úteis para convencer os céticos de que existe o outro lado, porque geralmente fazem com que a avó lhes diga montes de coisas que eles não poderiam saber de outra fonte. Isso faz os confusos descrentes proferirem frases como "É incrível!", e logo depois eles esquecem o assunto.

O segundo grupo usa jalecos brancos e vive nas universidades. São pessoas que usam gravadores e máquinas interessantes, e passam anos e anos tentando provar ou contestar a verdade de experiências de vidas passadas através de estatísticas. Os membros desse triste grupo em geral são desprezados pelo resto do mundo acadêmico, comem em lojas de conveniência e têm a pele pálida, porque raramente se expõem ao sol. Mais tarde, exaustos de tantos dados, morrem precocemente e, segundo se diz, costumam assombrar as universidades com um alegre: "Eu não disse?"

O terceiro grupo é altamente conceituado. São pessoas que leram de fato o *Bhagavad Gita*, geralmente budistas, hinduístas ou taoístas, e riem de qualquer um que ouse pensar que a reencarnação não é uma verdade fundamental da existência. Aparentemente, estão na companhia de quase todos os que viveram entre o século VI a.C. e 529 d.C., quando o imperador Justiniano acordou uma manhã com dor de cabeça e, incapaz de encontrar café, fechou a Universidade de Atenas. Mais recentemente, somam-se a essa lista alguns indivíduos que não poderiam ser chamados de crédulos: Goethe, Benjamin Franklin, David Hume, Schopenhauer, T. H. Huxley e Tolstói. Mas não, aparentemente, Roger Woolger.

Descobri que ele pertencia a um quarto grupo. Os psicoterapeutas de vidas passadas usam a regressão da mesma maneira que os terapeutas mais convencionais usam as memórias de infância. Ele declara: "Não importa se você acredita ou não em reencarnação".

Ele está preocupado em ajudar pessoas (especialmente as que frequentam seminários demais), não em promover uma doutrina ou provar uma teoria. Ele apenas nos pede para acreditar no "poder de cura da mente inconsciente". Ah, essa coisa antiga? O inconsciente. Vocês sabem que, a despeito de todos os *workshops* que fiz, não tenho consciência do inconsciente? Mas, apesar disso, acredito que ele possa me curar? Acho que sim.

Sei que é o meu inconsciente que me faz sonhar. Raramente acordo de uma noite virtual de paixão sexual com Robert Redford ou de uma gloriosa fantasia surreal com fuga e chocolate. Quase todas as manhãs, acordo no meio de uma discussão com minha filha que é uma cópia idêntica da do dia anterior:

– De novo uma carta da diretora queixando-se de que você usa "sapatos inadequados"?

– O que você quer que eu faça?

– Pare de usar esses sapatos.

– Mas eu gosto deles.

– Sim, mas eles são inadequados.

– Não, não são.

Meu inconsciente tem que fazer horas extras e nem assim consegue desvendar a lógica de uma adolescente.

É um alívio saber que terei que alterar todo o meu sistema de crenças. Ele continua:

> Deve ficar claro que a abordagem terapêutica de vidas passadas valoriza primordialmente a experiência subjetiva do cliente e deixa a questão da verdade histórica ou da ortodoxia doutrinária totalmente de lado.

Sim, dr. Woolger. Absolutamente claro, dr. Woolger. Então uma nuvem gorda chegou e se sentou no sol. Era hora do almoço, e meu celular ainda não tinha tocado. O almoço é sempre um problema desde que fiz minha irrigação do cólon. Meu refrigerador sempre me apresenta uma coleção de alimentos que não devo comer. Ou uma alface. Puxei a pobre alface da geladeira e a consumi, sacrificando também umas fatias de um pão esquecido e um pedaço absolutamente proibido de queijo. Depois, me obriguei a escrever uma carta para uma emissora de tevê em busca de um emprego que não queria e decidi passar a tarde no jardim com o dr. Woolger. Não podia acusá-lo de ser chato. Louco talvez, mas chato não.

Ele continuou a me educar. Parece que, para muitas pessoas, as "lembranças de vidas passadas" surgem em sonhos, visões ou quando estão meditando. Muitas crianças simplesmente lembram quem foram em uma encarnação anterior. Um professor chamado Ian Stevenson "pesquisou rigorosamente" casos de crianças que lembram de fatos detalhados da vida de pessoas mortas que elas alegam ter sido. O que uma leitora inteligente como eu (e vocês, é claro) vai fazer com tudo isso?

Há três escolas de pensamento disponíveis. Podemos cair na escola do "ônus da tolice", academicamente mais conhecida como posição *tabula rasa,* que alega que, por ocasião do nascimento, a mente é uma página vazia. Isso significa basicamente que, como só temos uma vida, as "lembranças de vidas passadas" vêm da tevê ou de histórias que lemos ou ouvimos, e que todos os nossos distúrbios psicológicos podem ser culpa de nossos pais. Esta é a posição de Sig Freud. Dá em vocês uma vontade de ir para casa fazer bebês, não dá? Assim, quando chegarem aos 30, eles podem gritar para vocês: "É tudo culpa sua!"

A segunda posição é a daqueles que querem parecer místicos e ter a mente aberta, mas não desejam pensar demais. É a posição do que vocês podem ter ouvido em festas da moda como "inconsciente coletivo" ou "registro akásico". Se vocês quiserem parecer verdadeiramente entendidos nos círculos *new age*, podem dizer: "Sinto que todos nós temos a capacidade de mergulhar nesse vasto estrato coletivo do inconsciente que é um banco coletivo de lembranças de toda a humanidade".

Agora – e é aqui que a coisa fica estimulante –, se vocês querem ir adiante, perguntem simplesmente: "Como é que certas lembranças parecem vir repetidamente a alguns indivíduos e não a outros?" E vejam se alguém tem uma resposta. Por que certas imagens ou acontecimentos têm uma misteriosa familiaridade para algumas pessoas? O problema da reconfortante solução do "inconsciente coletivo" é que determinadas lembranças realmente parecem nos pertencer individualmente.

Isso nos leva à terceira opção, que é a da reencarnação. Mas isso não ocorre diretamente. Woolger nos adverte contra uma "imagem sentimental da alma em evolução como se ela progredisse numa escola cármica". Do alto de sua oratória barata, ele declara:

> Por falta de uma base séria da tradicional psicologia espiritual, os escritores de metafísica popular não conseguem fazer a distinção apropriada entre a personalidade egoica e a alma maior. O ego não reencarna, só a alma, e mesmo ela está longe de esclarecer em que medida o progresso é linear e histórico.

Então, está tudo claro? Não? Acho que não. Não importa. Basta de teoria. Eu estava impaciente para saber o que exatamente ia acontecer no *workshop*. Quem fui numa vida anterior? Será que esse conhecimento ia me dar uma nova aura de glamour? Uma oportunidade de alimentar o ego tão denegrido pelo dr. Woolger? Será que fui casada com Henrique VIII? Talvez eu tenha sido uma mística sufi e, para me tornar iluminada, tudo o que tenho que fazer é recorrer ao conhecimento que levei uma vida toda para adquirir. Quando me adianto um ou dois capítulos, percebo que nenhuma dessas alegrias me aguardava. "Focar em vidas passadas felizes seria de tanto valor quanto, para um médico, tratar uma perna mutilada examinando a saudável."

Aparentemente, o foco teria que ser o sofrimento e o trauma. O livro continha inúmeros casos de clientes que se lembraram de ter sido envenenados, enforcados, afogados ou de ter sofrido muitas outras delícias adequadas para uma ensolarada tarde de sábado. Dez casos e um pouco mais de teoria depois, fechei o livro e decidi que um banho de sol talvez fosse mais importante. Enquanto eu fritava, lembrei de um mistério pessoal.

Uma vez, numa cama, um lindo americano me levou numa viagem imaginária. Fiquei ali deitada, com os olhos fechados, enquanto ele dizia: "Agora, volte à época em que você tinha 6 anos e me diga o que vê". Descrevi minha avó fazendo bolo e o cheiro da massa vindo do forno. "Agora volte aos 2 anos. O que vê?" Descrevi folhas num jardim, um céu azul, calor. "Agora quero que você volte mais atrás, antes de seu nascimento, a uma vida anterior. Não se preocupe se não acredita em tudo isso. Apenas me diga o que vê."

Vi uma porta de madeira de um celeiro, com uma trava atravessada da esquerda para a direita. A imagem era bastante clara. A porta estava trancada por fora, e eu estava dentro, batendo nela. Estava trancada no celeiro com três crianças que não conhecia. Os homens tinham trancado a porta e ido embora. Eu não sabia se alguma coisa tinha acontecido com eles ou se pretendiam voltar, mas ninguém me ouvia. Essa foi a imagem. Junto com ela percebi a sensação de que eu tinha tido uma morte terrível naquele celeiro com as três crianças – uma morte por fome e sede. Nunca saí de lá. Devo ter passado dias olhando para a porta, recusando-me a perder a esperança. Até agora ignorara essa imagem. Sem saber o que fazer com ela, eu a tinha deixado em suspenso para "mais tarde". Parecia que "mais tarde" tinha chegado.

Ou talvez eu tivesse ficado tempo demais deitada no jardim, sob o sol. Corri para dentro de casa e para um chuveiro frio.

Raramente fico temerosa antes de um *workshop*. Aprendi que ir além da minha zona de conforto é estimulante. Mas agora era diferente. Era me aventurar numa dimensão inteiramente nova. Confesso que cheguei a telefonar para um casal amigo e paciente, que, suspirando de desespero quando lhe contei onde ia me meter, se ofereceu para rezar por mim no fim de semana – uma oferta que, envergonhada, aceitei de bom grado. Ao deixar esta vida, é reconfortante saber que alguém está pedindo ao Espírito Santo que esteja conosco.

Cheguei à Holloway Road e, assim que entrei na sala, vi uma ferradura de trinta cadeiras. Pelo menos dessa vez não era um círculo e não seriam só mulheres. Então chegaram algumas mulheres. Depois mais mulheres. Comecei a me irritar. Sei que esse tipo de trabalho é muito estranho, mas seria de esperar que alguns homens tivessem a coragem de explorar essas possibilidades. Suspirei profundamente. Às 10, hora marcada para o início, éramos 23 mulheres e um homem. Então chegou mais um homem de cerca de 70 anos, arrastado pela esposa, e finalmente um terceiro, de cerca de 20 anos, arrastado pela irmã.

Roger Woolger entrou. Em vez do intelectual acima do peso que eu tinha imaginado pelo livro, era um homem bastante amigável e paternal, com um corpo que evidentemente desconhecia o exercício e um sorriso de bufão. Muito reconfortante.

Vocês sabem o que aconteceu, não é? Um por um, todos os participantes explicaram por que estavam ali. A maioria das mulheres era terapeutas, homeopata ou fazia algum trabalho corporal. Também havia uma cientista bioquímica, uma arquiteta e uma cantora. Tenho certeza de que alguém disse "Sou uma acromaterapeuta", mas não levantei a mão para perguntar: "Hein?"

Quando chegou a minha vez, eu me diverti ao me intitular "escritora". E acrescentei:

– Tenho dois temores em relação a este *workshop*: fazer o trabalho num nível profundo e não fazer o trabalho num nível profundo. – Eu tinha medo, mas não queria cair fora.

Então a mulher a meu lado falou:

– Sou uma sensitiva e estava captando seu nervosismo, mas agora que você falou, sinto-me melhor. – Fiquei embasbacada. Ela se havia declarado "uma sensitiva" como se dissesse "sou mãe". Só que ela disse isso bem alto, sugerindo uma total falta da qualidade com que se identificava, e ainda me acusou de a estar perturbando com meu nervosismo.

Uma jovem asiática de fala mansa foi a seguinte:

– Fui criada no jainismo e sempre acreditei na reencarnação, mas ninguém quis explorar a doutrina experimentalmente. Tive várias visões em sonhos que acho que podem ser de vidas passadas e quero descobrir mais sobre elas, mas não contei à minha família que vinha aqui porque eles pensariam que estou louca.

Uma mulher contou sua história e acrescentou:

– Eu odiaria ter outra vida como esta. Por isso estou fazendo tudo o que posso para aprender como evitar isso.

Uma charmosa senhora idosa tinha um pesadelo recorrente que não entendia:

– Não consigo me livrar dele, embora trabalhe com sonhos. Então vi você num sonho, Roger, e pensei que devia vir. – Ela tinha mestrado em psicologia transpessoal, de modo que imaginei que soubesse do que estava falando.

As opiniões sobre reencarnação diferiam:

– Não sei se acredito em vidas passadas, mas o assunto me interessa.

– Quando eu era criança, cheguei à conclusão de que havia mais de uma vida.

– Sou cientista pesquisador e não acredito em nada disso – disse o rapaz que fora arrastado pela irmã. – Não quero estar aqui e fiz o que pude para evitá-lo. O cientista que há em mim diz que tudo isto é absurdo.

Gostei muito dele.

Quando as apresentações terminaram, o dr. Woolger começou a falar. Brincando, disse que verificaria se as pessoas tinham lido o livro: – Amanhã vamos fazer um teste. – Eu teria ficado feliz. Tinha lido todos os argumentos, contra-argumentos e históricos de casos com o maior interesse. Em vez de brincar, ele podia ter feito o teste e expulsado os que não tivessem lido o livro, deixando mais tempo para os outros.

Então, de repente, ele ficou sério e disse:

– Esta é uma introdução à terapia da regressão a vidas passadas. Não é um treinamento que os habilite a praticar. Por favor, não tentem fazer isso em casa. É um pouco como abrir uma caixa de Pandora. É fácil levar alguém a uma vida passada, mas não trazê-lo de volta. Entretanto, este é um tipo de terapia muito rápido e muito poderoso. Faço isso porque funciona e porque sou um pragmático.

Ele tinha chegado a vidas passadas através de seu trabalho convencional como terapeuta.

– Carregamos todo tipo de fragmentos de outros seres humanos dentro de nós. É a isso que chamamos "carma". Este trabalho tem a ver com os fragmentos que estão nos bloqueando. Velhas histórias de medo podem deixar marcas. Nasci com um medo irracional de fogo, embora nunca tenha presenciado um incêndio. Descobri que em outra vida tinha sido queimado na fogueira. Freud não conseguiu encontrar a origem das fobias na primeira infância, porque ela não estava lá.

Ele sorriu, presunçoso, e então nos contou a história de Edgar Cayce, um americano cristão fundamentalista que se tornou especialista em vidas passadas. Eu estava ansiosa para descobrir como ele ia nos revelar nossas encarnações anteriores.

– Não vamos usar hipnose, porque é um processo longo e complicado. Usamos a imaginação e a livre associação com imagens e sentimentos. As pessoas costumam subestimar a importância da imaginação quando ela é usada com o inconsciente.

O primeiro "processo" foi um jogo chamado "Mediunidade dos 10 centavos". As pessoas se sentavam em duplas, uma diante da outra. Uma dava à outra uma moeda de 10 centavos. Quem recebia a moeda fazia o papel de médium, olhava nos olhos da outra e dizia: "Em vidas passadas vejo você como..."

O dr. Woolger deu instruções aos "médiuns":

– Várias coisas podem acontecer. Vocês podem ver muitas coisas em rápida sucessão. Se isso acontecer, continuem dizendo o que veem. Mas também podem ver apenas uma ou duas coisas e querer dar mais informações. Tudo bem, também. Ou talvez não vejam nada. Nesse caso, bem... por 10 centavos, inventem alguma coisa.

Eu me sentei diante de uma cantora negra e olhei nos seus olhos. Entreguei-lhe meus 10 centavos e ela desembestou, como numa corrida de cavalos:

– Vejo você como uma africana num lindo vestido tribal com joias de osso ao redor do pescoço. Você é alta e muito elegante. Agora a vejo como um rapaz árabe correndo a cavalo pelo deserto. Você adora cavalgar. Isso lhe dá uma sensação de liberdade. Você deve ter uns 18 ou 19 anos. Você tem muita energia e *joie de vivre*, mas algo acontece. Você morre no deserto, e seu cavalo fica perambulando. Você morre com um sentimento de injustiça, porque amava muito a vida e não teve tempo suficiente. Agora vejo você como um capitão de navio, um galeão. Você é um comandante forte, mas ocorre uma tempestade. Vejo raios, e alguma coisa está errada. Talvez sua tripulação tenha se amotinado contra você, não tenho certeza.

De onde ela estava tirando tudo aquilo? Ela continuou galopando:

– Agora vejo você como uma baleia. Você está ferida, e há um barco. Mas vejo o mar, o sol e o céu. Você ama o mar. Agora vejo você como um piloto de corridas. Há um carro branco e preto, um carro de corrida antigo. Você adora correr. Agora vejo você como uma mulher tribal de novo. Você carrega alguma coisa na cabeça e leva seu filho também. Você vai entregar seu filho e todas as sua posses que estão na cesta. Você não está triste. É uma alegre doação. Talvez seja um casamento. Seja como for, o momento chegou, e vocês dois estão contentes. Agora vejo fogo. Você é um bombeiro. Agora vejo você numa carroça como essas do faroeste. Você é uma mulher, mas está segurando as rédeas; é uma corrida pela terra, e você está correndo na carroça. Você tem muita energia.

Finalmente, Roger perguntou:

– Existe um tema?

– Sim, notei uma maravilhosa sensação de diversão e alegria. Você ama a vida de corpo e alma.

Fiquei impressionada. Aquilo valia os 10 centavos, mesmo que fosse tudo inventado.

Sorri, e ela me entregou 10 centavos. Olhei-a nos olhos com todo o cuidado. Fui mais lenta que ela. Olhei um bom tempo. Havia algo em seus olhos que parecia muito jovem, um menino de uns 8 anos, branco, que estava infeliz de trabalhar para um homem que não se importava com ele. Talvez um limpador de chaminés que morrera sufocado na fumaça. Eu lhe contei sobre o limpador de chaminés, mas não sobre o sufocamento. Não consegui lhe dizer isso. Então vi algo cruel nela. Um tirano, alguém do antigo Egito. Eu lhe disse que a via como um romano encarregado de conduzir escravos judeus. Ela usava um chicote. Então acrescentei, a título de justificativa: – Não sei o que lhe aconteceu na infância para torná-la tão cruel, mas deve ter sido falta de amor.

Então olhei de novo em seus olhos e vi alguém muito velho. Um sábio xamã ou um curandeiro. Vi que ele era temido pela comunidade, mas também reverenciado. Era um curandeiro que usava magia e ervas, e convocava os espíritos para ajudá-lo. Tinha uma genuína capacidade de curar.

Então vi uma mulher branca vestida com uma crinolina e uma sombrinha. Era uma mulher muito bonita e consciente de que podia usar seu poder de sedução para obter exatamente o que queria. Tinha riqueza e poder.

Então vi muito humor. Um bufão amado por toda a corte. De novo, um homem de grande sabedoria que se escondia atrás de sua sagacidade e de seu humor, mas que na verdade cuidava de todos, guiando-os com tato e piadas.

– Há um tema? – perguntou finalmente o dr. Woolger.

– Vejo você como uma alma de enorme experiência, um espírito sábio que parece ter passado por muitas vidas e aprendeu muito. Sabedoria e bondade.

A jovem cantora negra sorriu para mim. Pelo menos, pensei que era ela.

A conversa se generalizou depois do exercício, e muitas pessoas se perguntavam quanto era projeção do "médium" e qual o propósito do exercício. Uma mulher perguntou: "Mas é verdade?", e todos riram. A essa altura, eu já tinha abandonado minha perspectiva intelectual. Talvez essa fosse a intenção do volume pesado de 350 páginas: cansar nosso cérebro para que pudéssemos aproveitar o programa. Para mim não importava saber se essas vidas eram verdade, invenção ou projeção – amei as imagens, em especial a do jovem árabe que cavalgava no deserto, amava a vida e a liberdade. Me deu vontade de comprar uma moto para "honrar meu árabe interior".

Na hora do almoço, fomos todos ao *pub*. O peixe com fritas nunca esteve tão bom. A conversa de repente tomou outra dimensão. A moça que fazia trabalho corporal disse à jovem asiática:

– Amo a Índia. Vivi um bom tempo lá. Nesta vida, quero dizer.

A tarde começaria com uma viagem. Deitamo-nos no chão e nos deixamos guiar pela imaginação.

– Quero que vocês pensem num lugar do mundo que os atrai. Observem que países têm um encanto particular para vocês. Depois de visitá-lo, podem ir a outros lugares.

Gostei desse jogo. Fui rapidamente à praça São Marcos, em Veneza, e alimentei os pombos, e depois voei para a selva Amazônica para ver os macacos.

– Agora observem se há países que não gostariam de visitar.

Percorri o mundo e, para minha surpresa, descobri que há uma região no centro da América do Norte que me deixa inquieta. Talvez porque lá se localize minha porta de madeira. As instruções ao fundo continuavam:

– Quando notarem algum lugar que tenha um peso para vocês, vão até lá. Não importa em que época vocês estejam. Vocês podem visitá-lo em qualquer período da história. Apenas vão até lá e vejam que imagem se revela.

Vi uma imensa panela medieval numa sala sem revestimento. Um buraco havia sido cavado no chão para cozinhar. Pareço estar curvada sobre a panela, na qual há uma substância viscosa.

Então ele nos trouxe de volta à Holloway Road e nos deu papel e lápis de cor para desenhar a última imagem que vimos. Peguei um lápis preto e desenhei uma panela redonda sobre um tripé. Então desenhei a figura de uma mulher com um vestido rústico de saco e um manto. Pintei-a de vermelho para indicar toda a dor de seu corpo. Ela estava muito magra, malnutrida e doente.

– Deem à imagem uma legenda, como uma manchete de jornal – ele disse.

Chamei minha imagem de "Desespero em casa".

Então ele perguntou quem gostaria de trabalhar com a imagem. Naturalmente, me ofereci como voluntária, junto com mais seis pessoas. Ele pediu que o grupo escolhesse uma imagem. Fiquei em segundo lugar, atrás de uma mulher que desenhara um soldado que parecia russo. Um dos auxiliares sorriu para mim e disse:

– Usaremos a sua também, se houver tempo.

Quando a mulher se deitou num cobertor no meio da sala, fiquei feliz de não ter sido escolhida.

Ele lhe pediu que descrevesse as roupas que estava usando na imagem e falou com ela como se falasse com um russo. O soldado estava sozinho na vila. Ela disse:

– Não sei o que estou esperando. Todo mundo partiu.

Roger falou suavemente:

– Vamos voltar no tempo até o acontecimento importante e ver o que se passou. Vou contar até três. Um, dois, três. O que vê?

– Muitas pessoas, todas lutando. Não sei o motivo. Acho que estou no comando, mas não sei o que fazer. Perdi o controle. Eles se rebelaram. É como se estivesse paralisado.

– E o que você faz?

– Ando na direção contrária.

– Está desertando?

– Na verdade, não, porque sinto que não tinha função. Se alguém me dissesse o que fazer, eu o faria. Mas não sei o que fazer. Cheguei a esta cidade, mas não há ninguém aqui.

– Quanto tempo você caminhou?

– Alguns dias. Espero encontrar alguém que me diga o que fazer. Meu pescoço está doendo. Alguma coisa aconteceu com ele.

– Vamos nos adiantar no tempo e ver o que acontece em seguida. Um, dois, três...

– Há pessoas, mas elas falam coisas que não entendo. Não posso me conectar com elas. Elas não são como eu, e não as entendo.

– Você está em estado de choque?

– Talvez. Há uma distância. Estou lá e não estou lá. Vou com as pessoas.

– Tudo bem. Vamos ver aonde você vai dar. Um, dois, três...

– Estou andando por um prédio. Estou desligado. Ninguém me perturba. Encontro um canto onde posso dormir. Todos estão ocupados. Ninguém fala comigo.

– Vamos nos adiantar mais alguns dias.

– Ainda estou no mesmo canto, encolhido. Não preciso comer nem beber. Fica difícil eu me mover, porque estou aqui há muito tempo. Mas parece que não estou aqui, porque todo mundo passa por mim.

– Então ninguém chegou?

– Ninguém. Não estou surpreso de que ninguém tenha vindo, porque ninguém pode me ver.

Ela começou a chorar.

– Está tudo bem, soldado – disse Roger. – Pode chorar agora.

Ela chorou e tossiu: – Ninguém me viu. Ninguém se importou. – Ela chorou descontroladamente. – Ninguém se importou.

Então Roger perguntou:

– Se houvesse algo que você pudesse dizer a essas pessoas, o que diria?

– Estou aqui. Quero me juntar a vocês.

– Seu corpo está morto?

– Sim.

– Você está pronto para deixá-lo?

– Sim. Já o deixei. Agora estou voando no escuro. Estou olhando para meus homens. Sim, eu os encontrei. Estamos juntos de novo.

– Agora diga para si mesmo: "A batalha acabou". Imagine todos os soldados à sua volta e quero que eles *vejam* você.

– Sim, agora eles me veem. – Ela riu.

– Agora, nesta vida, você teve esse sentimento de não ser vista?

– Durante toda a minha infância.

– Existe alguém que você deseje que a veja agora?

– Meu filho.

– O que quer lhe dizer?

Ela chora de novo e diz:

– Não vou mais me esconder de você. Quero que você me veja.

– Então você tem a tendência de se afastar quando a situação fica estressante. Você não está mais numa batalha. Portanto, precisa estar totalmente presente. As pessoas se preocupam com você hoje. E as pessoas a veem. Veja. Abra os olhos.

Ela abriu os olhos. Todos os rostos na sala olhavam para ela, sorrindo. Eu me senti um soldado russo num alojamento de homens. Camaradagem verdadeira. Ela riu.

– Nossa! Esqueci que vocês estavam aqui.

Foi uma sessão exaustiva, mesmo sem o trauma de alguns dos casos que ele conta no livro. Roger nos contou que, uma vez, todos viram vergões vermelhos no pescoço de uma mulher que tinha sido enforcada.

Ele nos distraiu com algumas histórias até as 18 horas. Eu estava feliz de não ter havido tempo para a minha história. E a melhor parte de mim estava muito irritada de ter passado a última hora ouvindo Roger.

– Talvez em algum lugar da Rússia, uma casa esteja um pouco mais em paz agora.

Alguém perguntou se, "no mundo espiritual", as pessoas sempre perdoam. Parece que quase sempre. Um cliente que tinha morrido na fogueira foi encontrar Calvino. "Acho que fui rígido demais", disse Calvino. Outro cliente tinha gritado com São Paulo por causa da maneira como ele tratou as mulheres. São Paulo respondeu: "É verdade que não entendi muito bem as mulheres".

Uma das mulheres nos contou que tinha trabalhado num *ashram* (nesta vida). Era uma judia devota e não acreditava em reencarnação. Um indiano foi trabalhar no *ashram* e ela teve muito medo dele, tanto que se viu escondendo as facas para evitar que ele a atacasse. Ficou muito envergonhada quando falou com ele depois de uma reunião de oração e descobriu que ele era um homem gentil, pacifista e amante do silêncio. Mas então ele lhe disse: "Conheço você. Eu a matei numa vida passada. Eu a esfaqueei pelas costas". Ela não disse nada sobre seu medo, nem que tinha escondido as facas. Esse incidente a convencera da existência de vidas passadas.

Às 18 horas, fui para a Starbucks sentindo uma grande necessidade de tudo que fosse conhecido, banal e ruim para mim.

No domingo pela manhã, aprendemos a guiar a "regressão" uns dos outros. Recebemos uma folha de papel com instruções. Além de Roger, havia quatro assistentes qualificados disponíveis, caso alguém precisasse de ajuda. O principal era perguntar o que estava acontecendo e não perguntar "Por que você está aí?" As perguntas que começam com "por quê?" tendem a afastar as pessoas dos sentimentos e levá-las para o pensamento. O guia não deve querer que aquele que está em regressão diga: "Acho que tem a ver com o medo de bruxas que predomina neste século". Devíamos perguntar: "O que acontece em seguida?", para facilitar a revivência dos acontecimentos. Por exemplo: "Eles estão tentando me amarrar numa cadeira", ou "Eles estão me afogando". Devíamos dar ordens. Se perguntássemos: "Você gostaria de avançar no tempo e ir à câmara de tortura agora?", dificilmente receberíamos um entusiasmado "Ah, sim, por favor".

Minha parceira tinha desenhado uma imagem que parecia um anúncio de férias numa ilha deserta. Sua legenda era: "A vida no paraíso". Senti inveja e me perguntei se ela teria entendido a proposta. Comecei a interrogá-la e a ouvi falar em areia quente, praia, coletar alimento na natureza para alimentar o marido e a filha. Parecia um sonho.

– Que idade você acha que tem? – perguntei.

– Ah, uns 18 anos, e estou muito feliz. Tenho uma filha. Meu marido é pescador.

Eu me perguntei aonde isso ia dar.

– Então vamos avançar até um acontecimento importante – eu disse. – Um, dois, três...

Antes que eu tivesse tempo de fazer qualquer outra pergunta, ela estava correndo pela praia. A filha estava no mar, e ela tentava salvá-la, e se afogou.

– Vejo tudo azul, azul-translúcido. Sei que não vou alcançá-la a tempo. Eu fracassei.

Ela estava deitada no cobertor, e lágrimas lhe escorriam pelo rosto.

– Então vocês duas morreram? – perguntei. – E seu marido? O que aconteceu com ele?

– Não me importo com ele. Agora sou um espírito e procuro o espírito da minha filha. Ali está ela. Ela corre para mim. E me abraça. É estranho, porque não temos corpo, mas posso abraçá-la. Ela diz que não foi minha culpa.

Ela continua chorando baixinho. A essa altura, soltei as instruções e confiava que saberia o que dizer.

– Há mais alguma coisa que você queira dizer agora?

– Sim, que sinto muito.

Ela continuou falando com a filha no reino espiritual, enquanto eu apenas assistia e esperava. Finalmente, ela terminou e abriu os olhos.

– Isso tem alguma ligação com sua vida hoje? – perguntei inocentemente.

– A água. O afogamento. Nunca percebi. Sempre tive um medo irracional de colocar a cabeça debaixo d'água. Não conseguia nem ficar sob um chuveiro. E, meu Deus!, sempre fui uma mãe superprotetora. Não é estranho?

Na hora do almoço, encontrei Roger Woolger sozinho na sala de recepção. Estava esperando "uma mulher da BBC" que chegara cedo demais, ficara de voltar mais tarde e agora desaparecera. Aproveitei a oportunidade para lhe fazer algumas perguntas. Sentei-me ao seu lado, e ele dividiu seus morangos comigo.

Eu lhe disse que conhecê-lo foi uma grata surpresa depois do rigor de seu livro, e, como uma adolescente, lhe pedi que autografasse meu exemplar.

– O que Deus tem a ver com isso tudo? – perguntei, querendo descobrir se ele acreditava haver um amor por trás de toda aquela confusão cármica.

– É de amor que se trata – ele sorriu. – Mas não acredito que exista um Deus intervencionista. Deus está além do pessoal.

– E o que dizer das freiras que dedicam sua vida à oração? – perguntei. – Estão apenas enviando boas vibrações ao mundo?

– Eu quase me tornei sacerdote... – ele disse. – Você leu Simone Weil?

Eu não tinha lido. A mulher da BBC se aproximou de nós.

– Mais uma pergunta – eu disse.

– Hummm...?

– Na sua opinião, é verdade que conhecemos nesta vida pessoas que conhecemos em outras?

– A lei do universo espiritual é de atração. É isso que queremos dizer com "almas gêmeas".

Em seguida ele desapareceu, dando-me tempo de comer três biscoitos com geleia como preparação para a sessão da tarde.

Me vi deitada num cobertor, e minha parceira me dizia:

– Olhe para os seus pés. O que você está usando?

– Nada. Eles estão sujos e sangrando. Acho que tenho alguma doença de pele. Meus pés e minhas pernas estão esfolados e secos, e minha pele dói. Estou doente. Todo o meu corpo dói.

– O que você está fazendo?

– Eu devia estar cozinhando, mas não há o que cozinhar. Estou com raiva porque os homens todos foram embora e me deixaram com essas crianças. Estou com fome e desesperada. Não aguento nem comigo. Tudo está cada vez pior. Não há o que comer.

– O que acontece em seguida?

Vejo uma imagem minha saindo para procurar os homens. Um ou talvez dois deles são pais das crianças. Estou procurando por um grupo. Eu amo um deles, mas ele nunca me tratou bem.

– Estou procurando por eles.

– Você os encontrou?

– Sim. Estou implorando por ajuda, mas eles me desprezam. Talvez seja porque a infecção da minha pele lhes dá nojo. Eles me dizem que estou louca. Então o homem que amo me empurra. Ele é violento. Ele não me bate, mas me empurra. Ele é pai de um dos meus filhos. Mas a criança não foi concebida no amor. Não entendo. Só quero amá-lo. Não sou velha. Tenho uns 35 anos, mas estou curvada e doente.

– O que acontece em seguida?

– Ele me atira no celeiro onde estão as crianças e tranca a porta. Depois vai embora a cavalo com os outros homens. Eu bato na porta. Tento fazer que ele me ouça. Ou que alguém me ouça. Não posso sair. As crianças estão chorando.

– Vamos avançar no tempo e ver o que acontece. Um, dois, três...

– Estou deitada no chão. Estou muito fraca. Não bebo nada há dias. Duas crianças morreram. A terceira está gemendo, mas não posso fazer nada. Continuo olhando para a porta. Não acho que eles quisessem nos matar. Acho que eles pensavam que alguém viria nos libertar. Ou talvez eles achassem que íamos morrer. Mas continuo esperando. Não posso perder a esperança.

– Então, vamos ver se alguém chega. Vamos avançar no tempo.

– Não, ninguém chega. Estou morta agora. Por um tempo, meu espírito espera em meu corpo, para ver se alguém vem, mesmo depois da morte. Mas ninguém vem. Talvez todos eles estejam mortos, e por isso procuro por eles. Do mundo espiritual, eu os vejo bebendo numa taverna. Não estão pensando em nós. Ele não pensa, o homem que amo. Ele não entendeu.

– Vamos avançar mais no tempo até depois da morte dele. Veja-o à sua frente agora.

– Ele está sorrindo. Ele diz: "Você me perdoa?" Estou confusa. Quero perdoá-lo, mas mesmo como espírito não sei como.

Então, de repente, olho seu rosto com os olhos da mente e ele me parece familiar. O sorriso, os olhos, e de repente acho que reconheço o americano desta minha vida, aquele que foi embora e me deixou. Fiquei muito confusa, sem saber em que época eu estava ou com quem falava. Tentei voltar à cena e responder à pergunta. Fiquei ali, diante dele, impotente. Seria fácil dizer as palavras, mas eu sabia que não seria suficiente. Ele me possuíra sexualmente, e não com amor. Eu tinha lhe dado filhos, e ele me matara por negligência. E as crianças também. Como lhe perdoar tudo isso?

Decidi que não responderia. Pediria ajuda. Terminei o exercício e caminhei na direção de Roger. Suponho que ele ouve perguntas como essa todos os dias.

– Estou no mundo espiritual, diante de um homem que me violentou e depois foi responsável pela minha morte de sede e de fome. Agora ele pede o meu perdão e quero perdoá-lo, mas não sei como. Alguma dica?

– Não é bom perdoar alguém de quem ainda sente raiva. Deixe a raiva sair, e depois pode perdoá-lo. O caminho da compaixão é a empatia. Você tem que se colocar no lugar dele.Tem que pensar realmente nisso. Então poderá perdoá-lo.

– Sim, dr. Woolger. Obrigada, dr. Woolger.

Outra pessoas ainda viviam suas cenas. O cientista cético que tinha sido arrastado pela irmã parecia estar matando alguém. Segurava uma almofada e, enquanto estrangulava alguém, gritava: "Você nunca mais, nunca mais vai me fazer isso!" Pensei que, fossem quais fossem suas objeções científicas àquele processo, a coisa parecia estar funcionando para ele. Um dos assistentes o observava atentamente, talvez preocupado com a segurança da almofada.

Decidi não voltar, mas sentei-me com minha "guia", que casualmente me perguntou: – Existe alguma coisa na cena que lhe parece familiar nesta vida?

Minha vida passou como uma sucessão de *flashes*. Os homens que tinham partido. Meu pai, que abandonou minha mãe antes de eu nascer. Os homens que não apareceram para ajudar minha mãe a me criar. Meu ex que se mandou, deixando-me com uma criança pequena. E o último que fora embora, que eu apenas queria amar. E que não tinha entendido. Homens que não tinham cuidado de mim! Até mesmo na véspera eu estava chateada por só haver três homens na sala. Uma espécie incorrigível.

– Sim – eu disse.

Finalmente, voltamos à nossa ferradura de cadeiras. Roger tocou Bach e depois falou:

– O passado passou. A única razão para lembrar vidas passadas é colocá-las no passado. Esses personagens internos são como complexos. Todos temos complexos, mas, se não tivermos consciência deles, eles nos dominam. Se tivermos consciência deles, nós os dominamos. As pessoas têm medo da ideia de múltiplas personalidades, mas todos temos muitas personalidades dentro de nós. Eu tenho um monge interior que acredita que o Senhor provê. Tenho que lhe dizer que estamos no século XX e que preciso ter uma conta bancária. Mas gosto do seu otimismo. Se me pego tendo pensamentos que não são meus, eu os reconheço. Para quem tem uma família amorosa nesta vida, é importante parar de se sentir desamado só porque um dia morreu sozinho.

A calma reinava na sala. Ele falou suavemente:

– Quando comecei a fazer este trabalho, descobri que minha mente cética continuava perguntando: "É esta vida ou uma vida passada?" Depois isso deixou de ser relevante, e passei a ter clareza sobre o problema. Se aceitamos que carregamos resíduos de encarnações anteriores, isso explica muita coisa. São partes de nós que precisam ser aceitas.

Minha mente cética ainda duvida. Essa mulher faminta e abandonada é uma realidade de vidas anteriores cuja marca ainda influencia meu comportamento e minhas expectativas ou é apenas uma figura existente num canto escuro da minha mente, uma criação de meu subconsciente? Não há possibilidade de saber a resposta, mas, de qualquer forma, o desafio é o mesmo. Mais uma vez, cabe a orientação: "Use tudo para seu aprendizado, sua elevação e seu crescimento".

Eu precisava encontrar uma maneira de tranquilizar aquela personagem, alimentá-la, cuidar de seu corpo e fazê-la saber que a falta de amor não precisa ser para sempre. E tudo isso em um dia de trabalho.

O *workshop* terminou com algumas leituras. Uma delas caiu como uma luva para o meu caso, de modo que a copiei. É de *A conferência dos pássaros*, de Farid Attar.

> Todos os que são feridos pelo amor devem ter a marca no rosto, e a cicatriz deve ser vista. Deixe que a cicatriz do coração seja vista, para que suas cicatrizes sejam conhecidas por aqueles que estão no caminho do amor.

Fase 11

Rolfing, iniciação, lapidação e massagem

Uma semana depois do *workshop* de vidas passadas eu me sentia exausta, traumatizada e tensa. Meus ombros estavam tão tensos que quase chegavam às orelhas. Eu vagava pela casa, perguntando-me se a tensão era minha ou dela, e gritava com todo mundo. Havia uma solução fácil: eu precisava de uma massagem. Queria um pouco de prazer, e, se estava procurando a marca de uma encarnação anterior, tanto melhor. Pagaria por uma massagem e aproveitaria para meditar enquanto tomava sol. Decisão tomada, tinha que encontrar alguém que fizesse um bom trabalho.

Não sei quanto a vocês, mas eu detesto uma massagem que apenas move a pele e deixa a tensão dos músculos intocada. "Um pouco mais forte, por favor", costumo pedir. Por trinta segundos, a massagista pressiona com mais força antes de voltar ao toque suave. Odeio isso. Às vezes imploro: "Pode trabalhar um pouco mais profundamente, por favor?", e novamente, não sendo atendida, acabo ouvindo o sr. Masculino enfurecido: "Você vê? É uma total perda de tempo".

Por isso, pedi recomendações a meu círculo de amigos. Vicky, que é massagista, não se importou que eu procurasse outra pessoa.

– Se quer uma massagem profunda, você precisa de *rolfing.*

– *Rolfing*? – Parecia bastante radical.

– Trata-se de um realinhamento corporal e costuma ser doloroso.

Sim. Dor. Era o que eu queria. Três telefonemas depois, encontrei um rolfista, um americano que já me fez fantasiar sobre ele só pelo telefonema. Tinha uma voz de veludo. Eu mal podia esperar para me deitar seminua em sua mesa. Depois de ter feito algumas perguntas astutas para descobrir se ele não era *gay*, comecei a flertar com ele ao telefone.

– Não sou mais sensível a cócegas. – Era a abordagem da fêmea que precisa ser cuidada. – Você acha que o *rolfing* pode me ajudar a recuperar minha sensibilidade a cócegas?

– É um assunto interessante.

– Talvez você possa me usar como objeto de pesquisa. – Às vezes eu fico chocada comigo mesma.

Quando o dia chegou, eu estava excitada. Fiona, minha amiga codependente, queria me acompanhar. Eu tinha falado demais sobre a sensualidade da voz do sujeito, e ela estava curiosa para conhecê-lo. Quando ela chegou e o viu, suas sobrancelhas assumiram uma interessante forma em zigue-zague.

Odeio como as vozes podem enganar. Ele vivera no Japão durante dez anos e parecia um desses tipos nervosos, malnutridos e estressados pelo excesso de trabalho que se apertam todos os dias no metrô de Tóquio. Até seu rosto parecia japonês. Era estranhíssimo.

– Oi, sou Peter – ele disse, num sotaque californiano.

Sorri, decepcionada.

– Você me daria um copo de água? – perguntei.

– Claro. – E desapareceu.

A sala de *rolfing* em Camden Town era pequena e pouco aquecida. Contrariada, tirei uma parte das roupas e me sentei na mesa, sentindo frio. Um mês depois ele voltou com a água.

– Pode ficar de pé, por favor? Preciso ver seu alinhamento.

Sempre me orgulhei de, por causa de minha formação de bailarina, ter uma postura muito boa. Ele andou à minha volta como se examinasse um produto estragado. Esperei que ele dissesse que estava tudo bem, mas ele me olhou com cara feia.

– Pode se sentar nesta cadeira, por favor?

– Claro.

– Agora fique de pé de novo, por favor.

Foi senta, levanta, senta, levanta. E eu estava pagando por isso.

– Agora, pode caminhar?

– Bem, não. – Não havia espaço para caminhar sem subir na mesa ou derrubá-lo. Dei um passo à frente, virei e dei um passo de volta.

– Novamente, por favor. E de novo, por favor.

Mais tarde, quando ele já tinha estudado que partes de mim precisavam de realinhamento, fui convidada a me deitar na mesa de massagem.

Qualquer um pode imaginar como deve ser uma mesa de massagem, não é? Suficientemente larga para uma pessoa se deitar nela? Não era o caso daquela, e notei, cada vez mais irritada, que era obrigada a enfiar as mãos embaixo das pernas para que os braços não caíssem pelos lados.

Então começou o *rolfing*. Ele apoiou as mãos nas minhas costas, pressionou com bastante força e depois puxou. Doeu. Não aquela dorzinha deliciosa da tensão muscular sendo liberada, mas uma curiosa sensação de pele sendo esticada. Ele não usava óleo, talco ou qualquer coisa que tornasse o processo mais agradável. De uma coisa eu tinha certeza: não estava gostando.

Ele trabalhou em silêncio. Não ouvi uma voz agradável perguntando: "Tudo bem?" Nem podia dizer que estava machucando. Afinal, eu tinha sido avisada. "Vamos trabalhar só a parte superior do corpo na primeira sessão", ele tinha dito ao telefone, e eu dissera que estava bem, imaginando minhas costas e pescoço num estado de total alegria.

Ele continuou apertando e esticando. Eu não conseguia achar que aquele fosse um tratamento eficiente para alguém cuja pele era, por alguma razão, pequena demais para o corpo.

– Lamento, Isabel, mas precisamos esticar esta pele mais um pouco.

Não, ele não pode ter dito isso.

Ele pressionou os nós dos dedos nas minhas costas. Aquela sensação de puxa e empurra dificilmente poderia ser descrita como uma massagem. Será que as pessoas aguentavam isso? Então meu pescoço foi esticado. Por que ele não usava um daqueles instrumentos de tortura da Torre de Londres e poupava o trabalho? Depois, foram alguns momentos de prazer quando ele massageou minha cabeça e terminou.

– Basta por hoje – ele disse, num tom japonês fatalmente sério. – O corpo precisa se ajustar lentamente ao processo de *rolfing*.

Eu me perguntei por que ele ia querer fazer isso, mas não quis discutir com ele.

– Você gostaria de marcar já a próxima sessão? – ele perguntou, metamorfoseando-se de volta num americano.

– Bem... não. Não trouxe minha agenda – menti, esperando que ela não caísse da minha bolsa. – Eu lhe telefono, OK?

Saí para encontrar Fiona, que estava num café, lendo um livro.

– Então, como foi? – ela perguntou, alegre. Relatei minha história de desgraça e estrias. – Vou lhe contar um segredo. Eu esperava que você odiasse porque queria mandá-la para o meu massagista. Vou lhe dar a primeira sessão de presente.

Oba! Talvez fosse a recompensa pela experiência sofrida.

– Ligue para este número. Ele é um bom amigo. Chama-se Jeremy.

A segunda possibilidade de contentamento corporal parecia interessante. A massagem chamava-se *kahuna* e era praticada no Havaí. Devia valer a viagem.

Como descobri, uma viagem era de fato necessária. Jeremy tinha se mudado para o campo, perto de Bath. Eu me perguntei se valia a pena perder um dia viajando por uma massagem, por melhor que fosse. Dessa vez o sr. Masculino mudou de tom:

– Essas sessões de *kahuna* custam normalmente 80 libras. Acho que vale gastar a passagem até Bath, já que não vamos pagar pela sessão.

– Seja como for, adoro Bath – gorjeou a srta. Feminina.

Então, um belo dia, cheguei à estação de Bath para conhecer meu sorridente especialista em *kahuna*. Jeremy era atraente, de olhos negros e uma aparência mística, como se conhecesse cada um dos meus pensamentos. E ao menos uma vez eu encontrava um homem que não era magro. Olhei para seus músculos na expectativa de que ele os usasse com força total em meu corpo todo cheio de nós. Na viagem de carro até sua casa, eu o interroguei sobre o trabalho.

– Esta massagem é praticada nos templos do Havaí como iniciação. – De repente, ele me pareceu tão sério quanto o rolfista. Evidentemente, a massagem é um negócio sério.

– Iniciação a quê? – Tentei deixar o clima mais leve, enquanto a gloriosa arquitetura georgiana desfilava pela janela.

– Um rito de passagem, na verdade. Por exemplo, quando a mulher entra na vida adulta.

– É mesmo? – Não quis fazer mais perguntas.

Chegamos. O "templo" parecia mesmo um templo. Tambores, espadas e máscaras adornavam a sala. No lugar do altar havia uma mesa de massagem. Eu devia me deitar nela como num ritual de sacrifício, o que me deixou um tanto nervosa. Mas pelo menos a sala estava aquecida.

– Não vamos falar durante a iniciação – ele disse. – Mas, se você quiser fazer sons ou barulhos de qualquer tipo, sinta-se à vontade. Mantenha a respiração solta, porque isso vai deixá-la receptiva ao trabalho. Algum último pedido?

Acho que ele disse "alguma pergunta?", mas me pareceu "último pedido". De qualquer modo, a resposta era a mesma: não.

– Por favor, tire toda a roupa, deite-se de bruços com a cabeça no buraco e cubra-se com o lençol. – E saiu da sala.

Toda a roupa? A roupa de baixo também? Bem, foi o que ele disse. Tirei toda a roupa e me preparei para a chegada daquele completo estranho. Pensei comigo mesma: "Isto é uma massagem".

Deitei-me no altar e cobri minha nudez com um lençol de algodão. Segundos depois o ouvi entrar na ponta dos pés. Não via nada, a não ser o chão. Ele se aproximou e arrumou minha posição. Embora a mesa fosse bastante larga para relaxar os braços, minhas mãos foram colocadas sob os quadris. As pernas foram separadas. Será que havia alguma coisa nessa massagem que Fiona não me contou?

Lentamente, ele removeu o lençol e começou a passar óleo nas minhas costas. Depois começou a "trabalhar em mim". Não usava apenas as mãos, mas toda a metade inferior do braço. Deslizava o braço num contínuo movimento circular, com longas, lentas e profundas respirações. Era surreal, mas muito agradável.

Eu fora avisada de que a massagem podia produzir visões ou fortes sentimentos. Talvez, apesar de meus vários renascimentos, meus sentimentos ainda estivessem bloqueados, porque a única coisa que eu sentia era um desejo de ficar exatamente onde estava. Ele passou para o outro lado das minhas costas. Seu braço deslizava em círculos. Era agradável, mas uma voz interior me dizia que ele estava deslizando sobre o problema. Eu não tinha a liberdade de dizer: "Um pouco mais forte, por favor". Evidentemente, ele estava se exaurindo.

Foi muito relaxante, e tive que fazer força para não dormir. Não queria perder nada. Então ele se aproximou e vi uma perna. De baixo para cima. Ele estava nu. Eu estava nua, deitada como uma tesoura aberta, com um homem nu gemendo. Meu corpo se dividia entre o extremo relaxamento e o extremo pânico.

Talvez nesse momento eu devesse ter me levantado, dizendo: "Escute, não sei aonde isto vai levar, mas ficaria mais segura se você vestisse uma roupa". Mas a essa altura ele massageava meus pés e pernas, e era tão bom que a vontade de me levantar foi vencida pelo puro prazer. Decidi que podia aproveitar a parte boa e, se acontecesse alguma coisa indesejável, passar à "liberação da raiva".

Ele escorregou a mão sob minha barriga e, com um movimento de estilo, me virou de costas. Mantive os olhos fechados e ele voltou a massagear meus pés, provavelmente antes de subir. Os gemidos continuavam. Eu estava muito tentada a dar uma espiada. Será que ele estava mesmo nu? E, se estivesse, estaria excitado? Se estivesse, eu queria saber? E se soubesse, ia correr para a porta? Quando ele começou a massagear minha barriga, meu lado feminino falou de repente:

– Desculpe, mas está tão bom que é melhor não saber.

– Está louca? – gritou o sr. Masculino; e, antes de me dar conta, eu já tinha dado uma espiada.

Graças a Deus ele não estava nu. Usava um tapa-sexo. Os fabricantes deviam estar passando por um mau ano, dada a economia de material. Olhei para ele para ver se ele estava olhando para mim. Seus olhos estavam fechados. Foi um alívio. A ideia de dar com os olhos de um completo estranho que gemia enquanto massageava minha barriga nua teria complicado ainda mais a situação. Fechei os olhos e fiz uma oração silenciosa de agradecimento ao Senhor, a Buda e a qualquer das divindades havaianas que estivesse por ali.

Agora ele deslizava o braço pelo meu peito. Sei o que vocês devem estar pensando. Era erótico? A resposta é não. Eu pensava: "O que há de errado comigo? Será que esta experiência não devia ser erótica?" Mas era apenas muito relaxante e agradável. Ele passou ao pescoço, depois aos braços e às mãos.

Apesar da nudez, foi tudo de bom gosto. Finalmente, os gemidos cessaram. Ele levantou as pontas do lençol e me embrulhou como num casulo.

Continuei deitada e abri os olhos. Seus olhos ainda estavam fechados, e ele ainda respirava pesado. Uns cinco minutos depois ele finalmente abriu os olhos e olhou para mim. A tensão no ar era palpável.

– Pode repetir isso, por favor? – Eu tentava ser engraçada, e sorri para que ele entendesse isso. Os cantos de seus lábios se ergueram levemente. Respondeu com voz intensa:

– Você pode usar o lençol para tirar o excesso de óleo. Depois, se quiser se vestir, ainda temos algum tempo antes de você partir.

Ele saiu da sala e, cinco minutos depois, estávamos na sua cozinha, normalmente vestidos. Eu não sabia o que lhe dizer.

–Tudo bem um chá de erva-doce? – Eu nunca tinha bebido chá de erva-doce.

– Sim, claro. Que casa adorável você tem! Faz tempo que mora aqui?

– Há algum tempo. – Obviamente, ele estava querendo perguntar como fora a massagem.

Terminamos o chá e voltamos à estação de Bath. Depois de um silêncio, eu disse:

– É estranho tanta intimidade física sem amor ou afeto.

– Intimidade espiritual também.

Enquanto subia no trem e acenava calorosamente, pensei nesse seu último comentário. Ainda bem que tinha sido uma experiência espiritual para ele. Eu não quis estragar as coisas dizendo-lhe que, para mim, fora uma experiência puramente física. Eu me sentia bem, disso não havia dúvida. Me sentia calma e relaxada. Sentia apenas uma leve tensão nos ombros e no pescoço. Precisava de uma boa massagem.

Há uma maneira de ser apedrejada sem que isso consista numa punição por adultério ou por excesso de drogas ou álcool.

Algum de vocês inadvertidamente passou para o capítulo seguinte? Não estávamos falando de massagem? Sim, existe um tipo de massagem conhecido como "lapidação".

Enquanto procurava uma nova massagem, encontrei por acaso um artigo sobre isso. Embora não estivesse nos meus planos, não pude resistir. Sempre gostei de pedras. Minha casa está cheia delas. Sou uma dessas personagens excêntricas incapazes de passar um dia na praia sem voltar com os bolsos carregados de pedras.

Vocês devem estar se perguntando por que alguém ia querer ser massageado com uma pedra se a mão humana é muito mais macia. Para descobrir a resposta, tive que ir até a Harley Street. Vocês jamais imaginariam que, numa rua tão famosa no campo das especialidades médicas, haveria pessoas sendo lapidadas em silêncio por trás de portas fechadas, não é? Pois lá se esconde uma mulher que faz coisas estranhas com pedras quentes. Fui de bicicleta da Battersea até a Harley Street (digo isso para que todos os que conhecem Londres fiquem impressionados com o meu preparo físico) e cheguei a tempo de ser recebida por ela com um copo de água mineral.

– O trabalho funciona melhor se você tirar toda a roupa.

Ela parecia uma jovem enfermeira. Eu já estava me acostumando a tirar toda a roupa e, sem nenhuma espada *kahuna* nas paredes, apenas me deitei na sua ampla mesa de massagem. A sala recendia a um maravilhoso óleo perfumado. E de algum lugar vinha uma música *new age*.

A primeira parte do tratamento consistia em deitar sobre uma fileira de pedras quentes colocadas para aquecer os músculos de cada lado da coluna. Quando me deitei sobre as pedras, notei que cada uma coincidia perfeitamente com um grupo muscular. Suspirei. Depois ela colocou uma pedra quente chata e arredondada enrolada num pano sobre minha barriga, outra sobre o esterno e outra em outro lugar de onde não poderia cair. Era uma ótima maneira de aquecer.

Uma pedra foi colocada no meio da testa e oito pedrinhas entre os dedos dos pés. Então ela colocou duas pedras grandes na minhas mãos. Vocês devem estar pensando que isso é coisa de quem não tem nada melhor a fazer. Mas como saber que haveria algo melhor? Vocês veem, esses loucos americanos inventaram mil e uma maneiras de criar uma sensação de bem-estar. Talvez exista alguma coisa primitiva nas pedras, alguma coisa de muito calmante. Segurar uma bela pedra redonda produz uma sensação de estar "em contato" com a realidade, não é mesmo?

Portanto, se vocês multiplicarem essa sensação pelo número de pedras com as quais eu estava "em contato" naquele momento, podem imaginar o efeito disso tudo.

Depois, uma pedra oleosa começou a massagear meu braço. A massagista era tão habilidosa que era difícil dizer onde acabava sua mão e começava a pedra. A não ser porque a pedra era mais quente. Comecei a sentir um fluxo de afeição pela pedra. Tive amantes experientes que não conseguiriam dar a meu braço a sensação que aquela pedra proporcionava. Sim, eu estava adorando aquela pequena pedra.

Ela passou ao outro braço. Uma nova pedra apareceu em minha vida. Tão quente e terna quanto a anterior. Ela compreendia meu braço. Sabia como massagear cada músculo tensionado. Meu afeto era cada vez mais profundo. Eu estava interessada em namorar aquela pedra.

Parecia haver batalhões delas alinhadas para me dar prazer. Mal uma esfriava, já era substituída por outra.

– Você está permitindo que elas a aqueçam – ela disse.

– Não é o que todo mundo faz?

– Algumas pessoas não recebem o calor. Resistem a ele. Com alguns clientes, não preciso trocar as pedras. Cada um é diferente.

Finalmente, descobri que tinha um talento: receber o calor das pedras. Então, algumas pedrinhas vieram acariciar meu rosto. Elas deslizavam por ele, tão íntimas, tão gentis, que eu quis proclamar minha ternura por elas: "Oh, pedrinhas, amo vocês".

A certa altura, elas até falavam comigo: "Por que você está sempre lutando e fazendo de sua vida uma batalha? Por que resiste tanto? Por que se esforça tanto? Deixe as coisas acontecerem. Relaxe".

De repente, uma coisa terrível aconteceu. Uma voz humana falou:

– Sua sessão terminou. Fique deitada mais um pouco e depois sente-se lentamente.

Ela saiu da sala. Continuei deitada, sentindo o calor da pedra chata e redonda contra meu ventre. Sentei e a tirei do tecido no qual estava enrolada. Era uma pedra comum, de basalto, mas eu a amava.

Quis levá-la para casa. Mas eram pedras espirituais. Como as freiras, elas não dedicam amor a uma pessoa, mas têm uma devoção semelhante por todos os que encontram. Maldito desapego! Suspirei e coloquei a pedra amorosamente sobre a cama de massagem.

Enquanto me vestia, senti-me como Celia Johnson em *Desencanto*. Eu precisava partir, voltar à minha vidinha de sempre. Saí corajosamente da sala. Uma nova heroína para o novo milênio: "Isabel deixa as pedras". Nunca permitirei que se diga que minha vida não está cheia de bravura e atos heroicos.

Pedalando para casa, lembrei outros encontros com pedras. Me lembrei de meu renascimento ao correr sobre elas, machucando os pés. Agora eu estava em paz com elas: eram mais um pedaço do universo ao qual eu dedicava profunda afeição. Ora, um processo acidental ao longo do caminho da iluminação durante a busca egoísta por uma massagem... Às vezes a vida é boa.

– Você gostaria de experimentar um *chavutti thirumal*?

Não é sempre que alguém lhe faz uma pergunta dessas. Dá vontade de responder: "Não, prefiro um frango *tikka masala*".

Alguém me ligou e fez essa pergunta num dia em que eu estava fazendo um exercício de interiorização. É um exercício (acreditem, é verdade) em que durante um dia inteiro, a qualquer coisa que lhe perguntem, você responde que sim. A ideia é manter-se aberto a coisas novas e a novas possibilidades. Se alguém lhe pedir algo que você realmente não queira fazer, então diga que não, mas não deixe de ser gentil.

– Quer almoçar comigo hoje?

– Sim. Você conhece um lugar para não fumantes que não sirva bebidas alcoólicas e seja vegetariano?

– Quer sair comigo?

– Sim, você sabe que sou codependente.

– Gostaria de fazer sexo comigo esta noite?

– Sim. Já lhe contei sobre meus vermes?

Mas isso só é necessário se você quer realmente cair fora. Na maioria das vezes, o exercício consiste em apenas dizer sim a tudo durante um dia todo. Experimente.

Mas voltemos à nossa história. Eu disse sim ao *chavutti thirumal* e depois perguntei do que se tratava. Uma massagem. Bem, então lá vamos nós. Só espero que esse tal de *chavutti* seja tão gostoso como seu nome indica. Peguei a *bike* e pedalei até a Oxford Street. Estava preparada para dizer sim a todas as perguntas que me fizessem.

Cheguei ao local e encontrei uma mãe berrando com a filha de 3 anos.

– Você quer, sim, fazer sua aula de balé!

– Não e não. Quero ir para casa.

– Não, você não pode ir para casa.

A vida é cheia de harmonia, não é mesmo? Brinquei com a ideia de apresentar às duas o exercício do sim, mas quando a jovem *prima ballerina* começou a socar a mãe, pensei que talvez não fosse o momento para um conselho não solicitado.

– Você marcou para as 3 horas?

– Sim.

– Gostaria de uma sessão completa?

– Sim. Você é Chavutti? – perguntei ao belo indiano que estava sentado atrás da mesa.

Ele sorriu graciosamente.

– *Chavutti* significa "pé" – ele explicou.

– Seu nome é Pé? As mães indianas parecem ter muito senso de humor. Deve ser uma boa história.

– E é. Gostaria de ouvi-la? *Chavutti* significa "pé". E *thirumal* significa "massagem". É o nome da massagem que você veio fazer: uma massagem com os pés. Meu nome é Ken.

Uma massagem nos pés? Feita por Ken?

– Você faz a massagem, não é, Ken?

– Não. – Por que ele não entrava na brincadeira do sim? – A pessoa que faz a massagem chama-se Tracy. E a massagem não é *para* os pés, mas *com* os pés.

Maldito jogo do sim! Agora eu ia ser massageada pelos pés de Tracy. Pensei em correr para a porta, mas ela apareceu. Uma garota forte. Olhei para os pés dela. Não tinha o menor desejo de ter qualquer intimidade com eles.

– Você é Isabel? Prazer em conhecê-la – ela disse, sacudindo minha mão.

– Sim.

Ela me indicou uma pequena sala. Um corda vermelha tinha sido presa de parede a parede.

– Ela suporta o peso do meu corpo quando caminho sobre você. Você quer um tratamento completo, não é?

– Sim. – Prometi a mim mesma um dia inteiro dizendo não.

– Então, tire *toda* a roupa, por favor, e deite-se de bruços.

Ela enfatizou a palavra "toda" de uma maneira que era impossível não perceber. Não fazia nem um minuto que eu conhecera Tracy e já devia tirar a roupa, deitar no chão e deixar que ela caminhasse sobre mim. Acho que estava num beco sem saída.

– Tenho que saudar meu mestre e lhe pedir a energia de cura para trabalhar com você. Tudo bem?

– Sim, claro.

Ela desapareceu, e um canto incongruente emergiu da outra sala. Se os poderes divinos queriam estar nos pés dela, para mim tudo bem. Tirei toda a roupa e deitei-me de bruços. Uma garrafa de plástico nada bonita cheia de óleo de gergelim estava pousada no chão, ao lado de um prato de estanho. A sala estava muito aquecida. Obviamente, eu ia ser assada.

Ela voltou, parecendo comicamente séria. O óleo de gergelim começou a ser espalhado e esfregado em todo o meu corpo. Então começou a massagem. Ela correu a mão com uma força incrível do pescoço até as pontas dos pés. De novo, e uma vez mais. De onde ela tirava tanta força? Será que tinha sido substituída por um guru indiano? Então percebi que não era a mão, era o pé. Muito estranho.

Os dedos de seus pés se enfiavam na carne macia como se fossem dedos das mãos, e seu calcanhar parecia ter sido especialmente desenhado para pescoços. Às vezes era maravilhoso, mas outras vezes doía muito.

– Onde seus pés foram treinados? – perguntei, enquanto ela deslizava sobre mim.

– Na Índia. Mas prefiro não falar enquanto estou trabalhando. Tudo bem?

– Sim, claro.

Nada a fazer, exceto relaxar e aproveitar. Pobre de mim!, estou ficando obscena. Só faço isso quando fico embaraçada. Quando tive de virar de costas, me senti vulnerável. Estava deitada, nua, com os seios à mostra, com uma mulher que não conhecia. Ela começou a passar óleo na parte de cima do meu corpo.

Mantive os olhos fechados e pensei em Robert Redford. Ele nunca estava por perto quando eu o desejava. Imaginei que, se ele soubesse do jogo que estou jogando hoje, podia me telefonar e dizer: "Isabel, quer casar comigo?" E eu diria "sim" sem a menor hesitação.

Agora ela deslizava do pescoço aos pés desse lado. A sensação era boa. Quando chegava aos seios, torcia o pé e deslizava entre eles. Quando massageou minha barriga, agradeci às deusas pelas ervas. Não houve nenhum infeliz movimento de gases.

Ela massageou as pernas e depois me colocou sentada, para terminar a massagem pelo pescoço e pelos ombros com as mãos. Massageou vigorosamente o rosto e o couro cabeludo. Acho que, através do couro cabeludo, ela ativou partes do meu cérebro. (Desde esta sessão, por exemplo, me senti capaz de soletrar "antiestabelecimento".) Ela começou a cantar com notas longas.

Fiquei de pé, e meu corpo parecia estar funcionando excepcionalmente bem. Ela desapareceu para fazer suas orações de despedida, provavelmente em agradecimento. Depois que me vesti, dei uma olhada no espelho. Meu cabelo parecia ter bebido metade da garrafa de óleo de gergelim. Fiz minha oração de agradecimento: "Obrigada, meu Deus, por meu ridículo capacete de ciclista".

– Telefone-me se quiser outra sessão – ela pediu.

– Sim, com certeza.

A caminho de casa, enquanto abria caminho entre os ônibus e a morte na Oxford Street, irrompeu uma guerra. Achei que tinha gostado da massagem, mas meus lados masculino e feminino discordavam. O sr. Masculino manifestou-se como sempre: – Você teve mais uma chance. Mais uma. Pouco me importa que tenha levado duas horas, mas 50 libras é uma quantia absurda, e não temos esse dinheiro. Essa procura desenfreada de massagens está ficando fora de controle.

Era verdade. Estava fora de controle. A srta. Feminina também estava preocupada: – Será que não posso ser massageada por um homem? É pedir demais?

Achei os dois muito ingratos. O sr. Masculino estava inflexível: – Experimente a trilha de atletismo do Battersea Park e pare com essa bobagem. Pare de ouvir suas amigas malucas e me escute.

Portanto, foi minha última chance. Pedalei até a Battersea Park Road e entrei no parque.

– Bom dia, pavões – gritei alegremente. Os pavões gritaram em resposta. Provavelmente São Francisco tinha uma abordagem mais sutil.

A pista de atletismo é um local alarmante. Podem-se ver pessoas com um ótimo preparo físico correndo de uma maneira humanamente impossível. Tudo bem deitar no sofá e ver atletas olímpicos na tevê comendo salgadinhos. Diversão é uma boa coisa. Mas, vendo essas pessoas com meus próprios olhos, eu não podia deixar de admitir que elas existiam de verdade. Elas corriam pela pista deixando um vácuo atrás de si. E sorriam.

– Você veio se inscrever no clube de atletismo? – perguntou um rapaz negro. Seu peito parecia um mapa dos principais grupos musculares.

– Não. – Ótima palavra. – Estou procurando um massagista de esportes.

– Recomendamos um massagista chamado Terry. Ele atende muitos corredores. Este é o cartão dele. Precisa de mais alguma coisa?

Olhei o peito dele.

– Bem, não.

No dia seguinte conheci Terry Kingscote. Era mais velho do que eu esperava. Devia estar por volta dos 60. Pela aparência e pelas maneiras, parecia um açougueiro.

– Tire toda a roupa, deite-se e cubra-se com a toalha. Vou esperar lá fora enquanto você se despe.

Não me senti vulnerável. Estava até me sentindo bastante confortável. Nada de música *new age* por aqui.

– Então, alguma região particular de tensão? – Finalmente alguém me fazia essa pergunta.

– Sim, pescoço e ombros.

– Tudo bem. – Ele aplicou óleo sem perfume e começou a trabalhar.

Que alívio! Finalmente estava nas mãos de um profissional.

– Faz tempo que sente essa tensão?

– Seis dias por semana durante trinta anos.

– Entendo. – Ele pressionou, socou, esticou todas as regiões tensas com tal precisão que todas as outras massagens foram imediatamente esquecidas. Até as pedras que tanto amei. Definitivamente, ele tinha sido açougueiro em alguma vida passada. Era assim que ele amaciava a carne.

– Sim! – gritou o sr. Masculino. – Isto sim é uma massagem.

– Nós gostamos dele – concordou a srta. Feminina. Harmonia? Tinha que haver uma primeira vez.

– Como é que isso ficou tão tenso? – gemi.

– É um acúmulo de proteína no corpo causado por estresse e tensão. Sabe aqueles pedaços de carne que parecem cartilagem? É isso que são esses nós.

Eu não disse que ele era um açougueiro?

– Acho que até um canibal deixaria seu pescoço e seus ombros no prato.

Depois, ele pediu que eu me virasse e me cobrisse com a toalha. Enquanto massageava, subia e descia a toalha com cuidado. Era muito prático. Ali estava um homem que sabia amaciar meu corpo e deixar minha mente e meu espírito de lado. Gostei muito dele.

Então ele começou a massagear meus pés.

– Ai!

– Este ponto tem ligação com seus músculos oculares. Passa muito tempo no computador?

– Horas, todos os dias. Mas não vá me dizer que você é reflexologista.

– Não, não sou. Minha irmã me levou a um curso e fiquei cheio de dúvidas, mas, na semana passada, toquei um ponto no pé de uma mulher e ela quase caiu da mesa. Quando lhe disse que aquele ponto tinha relação com seu ovário direito, ela confirmou que ele estava bloqueado e que seria operada na semana seguinte. Então fiquei interessado.

Ele era tão pouco místico! Nada de tons abafados de compreensão. Agora eu entendia por que os atletas o procuravam.

– Acho que você está liberando uma tensão de mais de vinte anos – eu disse.

– É verdade.

Ele parou. Minha vida é uma tragédia.

– Acabou. Quer ficar com os miúdos? – Tenho certeza de que minha lembrança do que ele disse exatamente depois da massagem está um tanto nebulosa. Acho que foi o choque de sentir o sangue fluindo livremente pelo corpo.

Ele saiu da sala e eu me vesti.

– Quer marcar outra sessão?

– Sim, oh, sim! Um vez por mês pelo resto da minha vida. – Eu o tinha encontrado, era o início de um lindo relacionamento. Pena que ele estivesse perto dos 60, fosse casado e tivesse dois filhos adultos. Apesar disso, uma coisa eu ganhei. Podia irritar meus amigos. "Ah, meu massagista? É apenas um massagista de esportes do bairro. [Jogando os cabelos para trás casualmente] Estou com ele há séculos."

Fase 12

Como dizer "foda-se"com elegância

Acho que, ao longo dos anos, adquiri uns amigos muito estranhos. Essa Fiona, por exemplo. Conheço-a há vinte anos e tenho certeza de que ela era bastante normal. É muito triste. Sou capaz de apostar que, quando seus amigos convidam vocês para sair, é para fazer compras. Ou talvez para um cinema. Ou para uma viagem à praia. São programas considerados "normais". Seriam aceitáveis para a família de meu ex-marido, que é um exemplo perfeito de normalidade. Mas, quando Fiona me telefona, me convida para coisas como um Dia de Liberação da Raiva.

– Mas não estou com raiva. – Tento alegar sanidade. – Sou uma CoDA, estou irrigada, estou manifestando minha deusa interior, renasci, fiz as pazes com aspectos de vidas passadas... Não tenho nem raiva no trânsito; ando de bicicleta... Honestamente, não tenho raiva de ninguém.

– Ah, não me faça rir. Todo mundo tem raiva de alguém. Quer que eu lhe diga de quem você tem raiva?

– Não, definitivamente, não. – Ela me conhece bem demais.

– Então venha. Quero companhia. Eu pago a sua parte.

– Oh, tudo bem. – Não é difícil me convencer.

No sábado seguinte, ela dirigiu sem dar a impressão de estar com raiva. Eu não estava feliz. Eram 8 da manhã.

– Para onde estamos indo?

– St. John's Wood.

Um lugar tão bom quanto qualquer outro para sentir raiva. O *workshop* era na cripta de uma igreja. Alguns indivíduos estressados estavam do lado de fora, fumando loucamente. O interior era acarpetado e cheio de imensas almofadas, além do chá de ervas. As pessoas estavam sentadas pela sala, conversando, e um casal do gênero agora bastante familiar de homens "com um lado feminino bem desenvolvido" meditava seriamente.

Esses cursos curtos em geral começam com dança. Eles tocam uma música em compasso quatro por quatro com uma base alta, de modo que todos pulam enlouquecidos como viciados em ácido. Isso garante que estejam dispostos a explicar por que vieram assim que conseguem se sentar. É o que eles chamam de "aquecimento". Hoje a guru que lidera resolveu nos educar primeiro. É uma francesa rechonchuda, mas elegante, dona de um rosto redondo sorridente, cabelos pretos e olhos escuros e sábios. Parece preparada para promover "meu aprendizado, minha elevação e meu crescimento".

Ela começou a falar sobre a raiva. A raiva é a causa de muitas doenças e drena a nossa energia. A raiva que não é expressa causa câncer e diversos problemas físicos terríveis. A raiva reprimida causa depressão. A raiva que não é expressa arruína parcerias e, quando não canalizada adequadamente, pode afetar os filhos e as pessoas que mais amamos. Quando ela acabou de falar, eu estava feliz de estar ali. Senti que aquilo podia limpar meu organismo mais do que a irrigação do cólon.

Então nos sentamos em círculo, e as pessoas disseram por que tinham vindo. Uma moça que gritava com os companheiros de apartamento. Outra que tinha sido abandonada pelo namorado porque ela lhe batia. Um homem que admitiu, envergonhado, que tinha sido violento com os filhos pequenos. O grupo habitual de seguidores da guru que gostavam da maneira como ela trabalhava. E as pessoas que tinham sido arrastadas por amigos, entre as quais, mais uma vez, eu me incluía.

– Não sinto raiva no momento – eu disse. – Mas isso pode melhorar até o fim do dia. – Eles sorriram para mim daquele jeito que a gente faz quando não acha a menor graça.

Fiona estava no clima de querer matar o pai, o namorado e todos os membros do sexo masculino. Era um tom vagamente familiar, que as mulheres entenderam.

Então tivemos que trabalhar em duplas e expressar situações que nos despertavam raiva. Era uma conversa em que o interlocutor dizia apenas "Não", "Você está errada", "Isso é uma bobagem" ou qualquer outra crítica que os seres humanos parecem adorar infligir aos outros.

Em outro exercício, um representava o pai ou a mãe, e o outro uma criança. A tarefa da criança era chamar a atenção do mais velho dizendo

"Escuta", e a dos pais era ignorar a criança falando ao telefone ou apenas não respondendo. Percebi, com certa alegria, que nunca tinha passado por essa experiência. Tendo sido criada por uma mãe e uma avó que me adoravam, posso ter sido mimada, mas nunca ignorada. Nem ignorei minha filha dessa maneira. Mas para algumas pessoas a situação era evidentemente conhecida. Elas gritavam, e nós as ignorávamos.

O exercício seguinte consistiu em caminhar pela sala dizendo em voz alta: "Não, não, não ouse!" e fazendo um gesto como um policial que estivesse dizendo "Pare". Era uma proposta fácil, mas me pegou. Ao primeiro "não!", percebi que nunca tinha dito isso de verdade. Foi uma revelação. Eu tinha dito "sim" aos homens muitas vezes! Porque queria agradar. Porque não queria perdê-los. Nem a menina que tinha um forte lado masculino jamais se sentiu segura para dizer "não".

Quando cheguei ao "não ouse!", eu soube exatamente com quem estava falando e percebi todos os antigos ressentimentos não resolvidos. Nunca tinha ousado dizer "não ouse!" Uau! Uma mulher que pode dizer "não".

Pela sala só se ouvia "Não! Não! Não ouse!" Parece loucura, não é? Será que ninguém tinha algo melhor a fazer num sábado? Mas eu já tinha sido fisgada. Pela primeira vez em todas as vidas, eu estava afirmando que tinha o direito de dizer "não". Se pudesse, eu continuaria fazendo esse exercício por horas.

A frase seguinte era: "Quero ficar sozinha". Alguns dos homens cuja voz mal se ouvira dizendo "não" agora encontravam força para gritar alegremente: "Quero ficar sozinho!" Imagino que nunca tiveram a coragem de dizer isso.

Então propuseram mais uma frase: "Larga do meu pé!" Todos estavam adorando. Imagino que a maioria de nós em algum momento se sentiu sufocado, pisado, criticado. Eu me senti muito bem de gritar "Larga do meu pé!" com sentimento.

No momento seguinte, devíamos caminhar pela sala dizendo: "Estou recuperando meu poder". Ao mesmo tempo, outros se aproximavam e expressavam seu desdém: "Você? Poder? Não me faça rir! Você é um cretino sem personalidade, que nunca teve e jamais terá algum poder!"

Assistindo à cena, fiquei chocada. Há muitos anos eu vivia sozinha com minha filha, e todos os meus amigos me amavam. Se algumas pessoas não gostavam de mim, eu simplesmente não perdia meu tempo com elas. Fiquei horrorizada. Então as pessoas viviam com essas ofensas e com essa raiva? Era assim que tratávamos os que amávamos? Por que alguns casais aturavam isso?

– Seu marido fala com você desse jeito? – perguntei a uma mulher.

– O tempo todo.

– E por que você está com ele?

– Por causa das crianças.

– E ele grita com os filhos desse jeito?

– Sim. Mas não consigo deixá-lo. Não poderia viver sem ele.

É raro eu não saber o que dizer, mas dessa vez fiquei muda.

O próximo exercício era dizer: "Sei o que estou dizendo". Pensei em todas as vezes que tinha sido ridicularizada ou criticada. Afirmei: "Sei o que estou dizendo", desejando ter coragem de dizer essas coisas na minha vida. Um homem veio na minha direção e disse: "Você é uma piada", ao que respondi, alto e bom som: "Sei o que estou dizendo", e ainda acrescentei, de improviso: "Portanto, foda-se". Nunca consigo resistir a representar para uma plateia.

No fim do exercício, recebemos um tubo de plástico e uma almofada e fomos convidados a bater com ele na almofada até mais não poder.

Curioso! No início da manhã, eu tinha dito que não sentia raiva. Com tanta igreja, tantos seminários e tudo o mais, eu honestamente pensava que tinha superado meus ressentimentos há muito tempo.

Batendo na almofada, me lembrei de coisas que me aconteceram. Uma vez, dei um poema meu a um homem. Era um poema de amor. Ele disse: "Shakespeare faria melhor, não é?" Levei quinze anos para escrever outro. Lembrei das vezes em que tinha sido enganada ou mal interpretada. Sim, eu podia bater na almofada como todo mundo.

Não que eu quisesse ferir alguém. Bem, para ser honesta, acho que há algumas pessoas que eu gostaria de ferir. Mas não faria isso, mesmo que tivesse oportunidade. Eu tinha uma fantasia de dar um tiro num certo homem e em sua amante. Tinha tudo planejado. Seria noite, sob a placa luminosa que diz "Entrada para o palco" no teatro em que ele estava trabalhando. A luz seria amarelada. Foco suave. Primeiro ele, depois ela. Um revólver com silenciador, para não haver o menor ruído. Apenas pum, pum! E muito sangue. Valeria a pena ir para a prisão pelo resto da vida. Acho que se pode dizer que eu tinha raiva desse homem.

As pessoas gritavam. As palavras "maldito" e "puta" ecoavam na cripta da igreja. As pessoas que por acaso passassem por ali deviam ficar curiosas para saber que tipo de culto se praticava naquela igreja. Afinal, o bom Deus não dizia que devíamos perdoar? Como dizia a nossa guru, é preciso se livrar de toda a raiva antes de poder perdoar de verdade. Em algum lugar, um sino tocou. Algo me parecia familiar. Mas não quis pensar no que era. Continuei batendo na almofada.

Quando estávamos todos exaustos, ela anunciou o almoço. Entramos na superfície das banalidades. "E então, como vai a vida?", perguntei à mulher que tinha acabado de confidenciar que o marido a agredia. Isso nos faz pensar nos segredos que as pessoas escondem. Aquele casal com os filhos na mesa vizinha do restaurante, por exemplo, parece feliz. Eu me pergunto se ele a chama de "puta burra" quando estão em casa. E que palavras de ternura ela grita para ele? "Eu o odeio, seu bêbado! Você não vale nada".

Se algum de vocês nos visse num restaurante de St. John's Wood, pensaria num grupo de alegres amigos. É o tipo de grupo que olho com inveja quando estou almoçando sozinha. Portanto, da próxima vez que virem um alegre grupo de pessoas, tenham em mente que elas podem ter acabado de passar uma hora agredindo uma almofada inocente.

Voltamos à igreja com certa apreensão. O que ela estaria planejando para a tarde? Drama. Ela pediu um voluntário. Continuei sentada. Uma moça de uns 25 anos se levantou e contou sua história. Desde os 11 anos, ela foi vítima de *bullying* na escola. Gangues de meninas a tinham socado, chutado, empurrado escada abaixo. Aos 14 anos, a mãe finalmente percebeu marcas de mordidas nos braços da filha. "Nunca fiz nada contra elas." Ali estava ela à nossa frente, perguntando se alguém podia lhe dizer por que tinha sido perseguida com tal violência.

Não podíamos. Mas podíamos lhe devolver alguma força. Ela devia escolher na sala pessoas para representar suas perseguidoras. Quatro moças foram escolhidas. Um urso de tamanho natural foi colocado no chão para representá-la. As moças o chutaram, gritando: "Você é uma chorona", "Você é uma imbecil", "Não ouse contar a ninguém ou nós te pegamos".

Foi uma agonia. Ela chorou. Então a facilitadora lhe disse:

– E agora, o que você quer que aconteça?

Ela se pôs de pé, gritando:

– O que vocês pensam que estão fazendo? Vocês sabem que idade eu tenho? Por que estão me atacando? Vocês não percebem o que estão fazendo? Eu tinha 11 anos quando vocês começaram com isso, pelo amor de Deus. Por que eu? O que eu fiz para vocês? Olhem estas marcas! – Ela gritou muito tempo, até que finalmente começou a rir. – Há anos eu queria dizer isso tudo a vocês.

– Basta?

– Sim. Muito obrigada.

– Todos podem beber água – disse a francesa. Recebemos copos de plástico. – Mais alguém?

Uma americana se levantou. Era uma mulher pequena de uns 30 anos.

– Minha mãe me batia. Tínhamos brigas terríveis – ela disse.

– Escolha alguém para representar sua mãe.

Ela olhou em volta, e seus olhos caíram sobre mim.

– Isabel.

Meu Deus! Por que eu?

– Que idade você quer ter? – perguntei.

– Uns 14 anos.

Então Deus existe? O que vocês acham? Exatamente a idade da minha filha.

– Sobre o que vocês brigam?

– Por qualquer coisa.

– Tudo bem. Sei como é.

Então, comecei a imitar a mim mesma caindo aos pedaços de cansada.

– Você não vai pegar tudo isso que deixou espalhado pela casa? Estou cansada de lhe pedir.

– E eu estou cansada de você me encher o saco – ela gritou em resposta.

– Você não acha que já é tempo de ajudar um pouco nesta casa se quer ser considerada uma adulta? Sou eu que faço tudo. Tudo.

– Eu não peço para você fazer, peço?

– Não seja ridícula. Alguém tem que lavar a louça, não acha?

– Você acha que eu me importo?

– Devia se importar.

– Vá se foder.

Minha filha nunca me disse isso. Graças a Deus, ou eu teria lhe batido. Mas eu sabia a próxima frase.

– Não fale comigo desse jeito. Com quem você pensa que está falando?

– Estou falando com você, sua puta.

Era estranho. Parecia uma briga terrível que tenho com minha filha umas duas vezes por ano, só que pior. Foi horrível me ouvir gritando com uma criança. Mesmo que ela tivesse 35 anos e estivesse representando. Fiquei com vergonha.

– Bata no braço dela – a facilitadora sussurrou ao meu ouvido. Obedeci.

– Foda-se – ela gritou. Bati de novo.

– Não fale comigo desse jeito – gritei. Bati de novo no braço dela, com força. O que eu pretendia? Submissão? Lágrimas?

– Eu te odeio – ela gritou.

– Não aguento mais você.

Eu já estava a ponto de chorar. Era uma representação do meu pior pesadelo.

– Tudo bem, basta. – A facilitadora veio em meu socorro.

Ela se virou e falou suavemente com a adolescente de 35 anos.

– O que você gostaria de lhe dizer agora?

Esperei a raiva. Afinal, era um *workshop* sobre a raiva. Mas não foi o que aconteceu.

– Mãe, desculpe. Só quero dizer que tive raiva de você durante muito tempo. Eu não conseguia me colocar no seu lugar depois que o papai se foi e tudo o mais. Fui uma menina egoísta e não entendi.

– Eu sei – eu disse. – Eu entendo. Sou sua mãe e amo você. Desculpe. – Ela me abraçou.

Eu me sentei e pensei no meu relacionamento com minha filha. Há meses que não brigávamos. Prometi a mim mesma que, da próxima vez que ela fosse grosseira ou me tirasse do sério, eu sairia da sala. Agora que tinha representado essa cena, não queria repeti-la. Tinha procurado o *workshop* para aprender sobre a raiva, mas não esperava essa lição. Estava mais abalada do que a americana.

– Água? – ela perguntou. Eu precisava de um uísque.

– Vamos fazer uma pausa – disse a facilitadora, olhando para mim e pondo uma música dançante.

Sim, dancei. Dancei uma valsa idiota e me lembrei de todas as vezes que dancei uma valsa idiota com minha filha, todas as músicas que tínhamos cantado juntas, todos os jogos que tínhamos jogado. Fiz de minha dança um agradecimento pela bela jovem que eu tinha em casa. Queria correr para casa e dizer: “Desculpe por todas as vezes em que gritei com você". Mas ela teria erguido os olhos para o céu com um olhar sofredor e suspirado: "Ah, mãe. Você andou fazendo mais um desses *workshops*?"

Quando a dança acabou, a facilitadora disse:

– Temos tempo para mais alguém.

Uma mulher tímida se levantou. Parecia ter passado a vida toda assustada. E era verdade. Ela olhou para todos na sala em busca de apoio. Tinha sofrido abuso. Ela descreveu a cena. A facilitadora usou o urso para representá-la na cama. Tinha 6 anos.

Um homem corajosamente se ofereceu para se aproximar e afastar a coberta. Ela implorou:

– Você é um homem doente. Eu só tinha 6 anos. *Seis anos.* Afaste-se dela. Não ouse tocar nela! – ela gritou para ele. E chorou pela inocência perdida daquela menina de 6 anos.

Nós nos sentamos, boquiabertos. Depois aplaudimos. A coragem que as pessoas revelam nesses *workshops* é inspiradora. A capacidade humana de perdoar, de esquecer, qualquer que seja a ofensa sofrida, nunca deixa de me comover.

Então, quando pensei que tudo estava acabado, voltamos às almofadas. Soquei a almofada e me perguntei por que fazia isso agora. Então me lembrei do homem que nunca conheci. Em algum lugar, em outra dimensão, um homem esperava meu perdão. Roger Woolger tinha dito que primeiro devíamos nos livrar da raiva e depois ter compaixão. Pensei na cena da mulher e das três crianças que morreram de fome e soquei a almofada até ficar exausta. Então me lembrei do meu pai, e soquei a almofada por ele. "Você não imagina como foi difícil para a minha mãe. Canalha!" Eu não sentia toda essa raiva, mas foi bom dizer isso.

Depois, felizmente, houve uma meditação. Ela tocou uma música *new age*, perfeita para voar ao mundo espiritual onde o homem desconhecido ainda me aguardava. Parei à frente dele e falei – sobre perdão. "Eu vivia com raiva. Fui cruel com minha filha como você foi cruel comigo. Você não queria me magoar. Você não entendeu. Você não entendeu nada, mas você era um homem desesperado, e eu, uma mulher desesperada. Não sou melhor que você. Portanto, eu o perdoo. Você me perdoa?" E de algum lugar em minha meditação uma voz disse: "É claro".

Quando a música terminou, me senti um pouco mais leve.

O dia terminou e vi Fiona sorrindo para mim. Ela tentava não dizer "Eu não disse?", mas seus olhos diziam.

– Tudo bem, admito. O *workshop* foi útil.

Naquela manhã, pensei que não tivesse raiva. Autoconhecimento? Consulte a sábia de Battersea.

Fase 13

O hipnotizador, o gênio e o gordo

Uma das desvantagens de estar no caminho da iluminação é que você recebe uma correspondência muito estranha. Se algum de vocês fizer um seminário, seu nome entra num registro central rotulado de "ingênuo da nova era". E todo guru de Londres vai querer convidá-lo para um curso.

Outro emprego na tevê veio e se foi. Eu tinha feito um programa inteiro sobre Freud e ainda não sabia nada sobre ele. Será que devia me dedicar a ler as *Obras completas* de Siggy ou me divertir verificando o que o correio tinha a oferecer?

Chegou um folheto: "Assim como a música de Mozart, a física de Einstein ou a pintura de Picasso, você pode aprender programação neurolinguística (PNL) com um gênio criativo, Richard Bandler".

Eu já tinha visto muita pretensão, mas esse cara devia ganhar o prêmio de lunático do ano. A foto de um homem grisalho, iluminado por trás por uma luz amarela, com a pele marcada pela varíola e unhas pintadas de preto, me encarava. Dois outros janotas estavam ao seu lado. Um usava uma gravata horrorosa e parecia ser Paul McKenna, o "hipnotizador da tevê". O terceiro homem era bastante gordo, mas usava uma gravata mais razoável.

Imagino que eu devesse conhecer Paul McKenna, mas não vejo tevê. Ela não me desperta o menor interesse. Será que estou no ramo errado? Naturalmente, tenho que fingir que assisto tevê. Numa entrevista, me perguntaram qual o meu *talk show* diurno preferido. Não soube nem inventar uma resposta. E, naturalmente, não me interesso por ninguém que tenha seu próprio programa – a menos que se trate de um hipnotizador.

Portanto, ali estava uma oportunidade de aprender algum coisa estranha com um astro da tevê, um egomaníaco e um gordo. Eles ofereciam "um mundo novo de possibilidades" e alegavam ser os maiores e mais bem-sucedidos profissionais de PNL do Reino Unido, com mais de quatrocentos "delegados" por treinamento. Sempre ouvi falar em programação neurolinguística, mas não sabia nada sobre o assunto. Podia imaginar que "neuro" significa cérebro, "linguística", linguagem e "programação", programação. E que a hipnose tinha alguma coisa a ver com isso. Está claro? Pelo menos, num curso de quatrocentas pessoas eu tinha uma chance estatística de conhecer um homem interessante. Será que homens interessantes estudam PNL? Existe alguma razão para que eles o façam? O sorriso dos professores me parecia falso, mas, como sempre, eu estava curiosa.

O curso era num centro de convenções na Tottenham Court Road. Assim que cheguei, recebi um enorme contrato para assinar, no qual prometia não realizar o treinamento de PNL. Ao mesmo tempo, recebi um crachá que dizia "Praticante de PNL Isabel Losada", e fui informada de que, no fim da semana, seria membro da Sociedade de Programação Neurolinguística e estaria licenciada. Tudo o que eu tinha que fazer era pagar, ficar na sala, e poderia convencer pessoas ingênuas como eu de que estava preparada para mudar a vida delas. Teria um certificado emoldurado na parede para prová-lo.

Entrei no salão e, nos dois segundos que uma mulher leva para verificar se existe um homem interessante num raio de 200 metros, passei os olhos pelas quatrocentas pessoas que estavam ali. Havia um, mas era careca. Poderia testá-lo mais tarde. Todos se sentaram. O salão era enorme, sem janelas, dominado por duas caixas de som que tocavam um *rock* pesado em compasso quaternário. O encarregado pelo som evidentemente recebera ordens de tocar algo "alto e pra cima". Então, ouviram-se aplausos descontrolados, puxados pelos assistentes que estavam no fundo da sala, e o gordo e o hipnotizador entraram no palco.

O início foi de elogios em boca própria. O gordo falou sobre o enorme sucesso dos cursos, e aplaudimos cada grupo que tinha cruzado o oceano para estar ali.

– Vamos receber o pessoal do Kuwait e das Repúblicas Árabes Unidas!

Aplaudimos obedientemente.

– Vamos receber o pessoal da Alemanha.

Nós os procurávamos pela sala e aplaudíamos. Isso continuou com Itália, Espanha, Mônaco, Holanda, Dinamarca, Noruega, Portugal, Israel, Turquia e Terra do Nunca. Quando terminaram os aplausos, o hipnotizador acrescentou:

– E há alguém de Kensington? Quero uma carona para casa.

Ele é engraçado. O que era um alívio, porque o gordo, que liderava a falação, não tinha graça nenhuma. Pensei coisas desagradáveis sobre ele. Se Paul McKenna era evidentemente mais brilhante e divertido, por que o gordo falava tanto? Vocês sabem como é irritante um orador que menospreza a plateia. Infelizmente, não podemos gritar: "Ei, isso não é verdade!" Era nessa situação que ele estava nos colocando. A certa altura, ele sorriu e disse:

– Neste curso vocês vão perder o medo das palavras.

Pretensioso, pensei. Posso ter medo de ser mortalmente chateada por oradores de talento duvidoso, mas medo das palavra eu não tenho.

– Não ensinamos teoria – ele disse. Eu tinha telefonado para uma amiga que conhece PNL, e ela tinha dito: "O objetivo é dar a você uma experiência num nível subconsciente. Eles não se preocupam em ensinar nada". Disse também que seria uma semana perdida. Pensei que ela tinha razão e que uma mola solta na cadeira estava perfurando meu traseiro. Então alguém distribuiu os manuais. Cada um tinha 144 páginas de teoria. Ele não tinha acabado de dizer que não iam ensinar teoria? Virei uma página. Dizia: "O manual não é o treinamento". Então tudo bem, decidi. Não precisava ler aquilo. Usei-o para cobrir a mola solta da cadeira. McKenna começou a falar cobre comunicação.

– Eu odiava geografia, talvez por causa de um professor chato. – As mulheres com blusas de botões se mexeram desconfortavelmente na cadeira. – Aqui, usamos muitas blasfêmias. Mas elas foram cuidadosamente pensadas. Temos reuniões.

E continuou nos dizendo como era brilhante o seu treinamento.

– Todas as outras organizações de PNL nos desaprovam. Dizem que não se pode ensinar PNL em sete dias. Isso porque as pessoas que fazem PNL são idiotas.

Eu não tinha certeza se ser chamada de idiota no primeiro dia era uma maneira carinhosa de me conquistar. Então os dois se dedicaram conjuntamente a nos dizer como era brilhante o "gênio que criou tudo isto". – Bandler é o comunicador mais talentoso que já vi. – E os dois concordaram mais uma vez.

Meu traseiro ansiava pela pausa para o café, que finalmente chegou. Andei por ali, dominada por uma compulsão de consumir biscoitos recheados de geleia. Outros idiotas conversavam animadamente. Uma versão masculina e alta de idiota se aproximou de mim, sorrindo de uma maneira preocupantemente amigável.

– Estou aqui para ajudar meu filho – ele disse.

– É mesmo? – eu disse, fingindo interesse. – Que idade ele tem?

– Ele? 25.

Essa conversa precisaria de mais conselhos não solicitados do que eu estava preparada a oferecer. E eu não estava a fim de ouvir nada disso com simpatia.

Uma mulher muito magra se aproximou. Usava um sorriso de empatia, coisa que eu não desejava. De repente, tornei-me uma fumante e saí para fumar um cigarro. Não era verdade, mas me deu a satisfação de mentir a uma total estranha. Eu queria cuspir o café na cara dela também. Imagino que não estava no meu melhor humor. Fumei meu cigarro invisível e voltei ao saguão. Mudei de lugar, mas descobri que a cadeira era ainda menos confortável que a anterior.

De repente, ouviu-se uma fanfarra, aplausos empolgados dos assistentes ao fundo, e o egocêntrico de unhas negras apareceu. Parecia um demoníaco genocida prestes a produzir uma metralhadora e nos picar em pedacinhos. Estava em outro nível de consciência. Drogado, louco ou ambos? Então ele falou. Uma voz de profunda ressonância acariciou nossos tímpanos.

– Se vocês ligarem prazer e aprendizado, as pessoas farão isso com mais frequência – ele começou.

Eu me perguntei por que ninguém tinha pensado nisso na escola da minha filha. Um homem na primeira fila tomava notas. Bandler se dirigiu a ele com agressividade:

– Você é capaz de esquecer o número 379? – perguntou. O homem resmungou alguma coisa com um monossilábico terror. – Não? Então, como vai esquecer um *workshop* inteiro? – O *notebook* foi colocado obedientemente no chão.

Então ele iniciou seu *show* de trinta minutos de *stand-up comedy*. Seu primeiro tema foi que a psicoterapia era perda de tempo.

– Os psicoterapeutas nos ensinam a ficar deprimidos. Não há nada na psicoterapia que nos alegre. A maior parte é cascata. Se alguém está em terapia há anos e ainda não está feliz, por que não pede reembolso do dinheiro gasto?

Ninguém pode acusar Bandler de não dizer o que pensa. Suas piadas são entremeadas com histórias sobre a estupidez de todo mundo e sobre sua inteligência. Parecia que ele estava sempre certo.

– Pensem nos catatônicos... – Sua paixão nos prendeu a atenção. – Se você é um paciente catatônico, ninguém pode ajudá-lo e nem vai tentar. Uma vez, peguei um martelo e bati com toda a força no dedinho do pé de um paciente catatônico que não se mexia nem falava há dez anos. Duas vezes. Queria ter certeza de que tinha doído muito. Seu sistema nervoso ainda funcionava. Pensei no psiquiatra que nada fizera para ajudá-lo. Estava a ponto de martelar seu dedo pela terceira vez quando o paciente mexeu a mão e agarrou meu braço. "Não!", ele gritou, com o máximo de raiva de que era capaz. Eu me afastei e deixei que ele despejasse sua fúria no psiquiatra. Quando o paciente jogou o médico no chão, eu o ensinei a liberar a raiva: "Sim, sim, deixe sua raiva sair".

Bandler representava o paciente e o médico simultaneamente. Ele de fato odiava qualquer instituição para doenças mentais, que considerava uma espécie de prisão da qual todo mundo devia ser libertado. Nisso eu concordava com ele. Sempre me chocou a ideia de isolar pessoas que sofrem de delírios e lhes dar drogas que dificilmente as ajudariam a lidar com o que chamamos de realidade.

Certa vez, ele disse a um grupo de médicos que tinha colocado uma droga capaz de alterar o estado de consciência no seu chá. Os médicos entraram em pânico e começaram a agir de maneira estranha. Naturalmente, ele não tinha feito isso, mas se divertiu muito observando-os. Mais tarde, disse a eles que não deviam prescrever alguma coisa cujos efeitos não conheciam e que deviam experimentar a droga primeiro. Ele defendeu essa posição com elegância.

– Não procurem um estuprador de psique – ele disse, e olhou para nós como Jack Nicholson em *O iluminado*. – Se fizerem isso, falarem sobre a época em que a depressão começou e a ligarem ao tempo em que sentiram raiva, e depois perceberem que isso os deixou confusos, vão acabar se sentindo impotentes. – Em vez disso, ele punha ilusões positivas nas pessoas. – Um paciente me disse que as pessoas saíam do televisor e o seguiam. Eu disse: "Já assistiu ao Canal Playboy?"

Ele parecia estar rindo. Decidi dar um tempo na leitura das obras completas de Freud. Então ele terminou a história e tivemos um momento de ensinamento. Posso passá-lo a vocês.

– Quantos de vocês que já falaram consigo mesmos se sentiram mal por terem feito isso? – Todos levantaram a mão. – Parem com isso! – Ele nos encarou ameaçadoramente. – E se falarem consigo mesmos desse jeito, façam-no com uma voz *sexy*. – Ele alterou seu registro vocal, e de repente Dietrich entrou na sala. – Vocês fazem uma absoluta confusão com isso – sussurrou, numa entonação que dizia: "Vocês são criaturas lindas e *sexy*". Isso tornava a negatividade absurda. – Se é para ser desagradável, que pelo menos seja *sexy*.

Os comentários curtos e espirituosos eram constantes: "Ninguém se decepciona, a menos que planeje isso"; "Não se case com alguém que não goste de você". Desejei conhecer esse homem anos atrás. Então ele nos perguntou:

– De que cor são os olhos do seu amor?

Fui almoçar com ótimo humor. Enquanto o gênio louco e egocêntrico permanecesse no palco, e não o gordo, eu estaria feliz.

Depois do almoço o gordo e o hipnotizador magrela voltaram. Iam nos ensinar a hipnotizar alguém. Simples assim. Paul McKenna deu um passo à frente.

– Quem gostaria de entrar em transe?

Minha mão subiu antes que ele tivesse terminado a frase. Não que eu estivesse concordando com tudo aquilo.

– Tudo bem, você então. – Era o primeiro dia, e eu já estava no palco. Será que eles pensavam que eu tinha dificuldade de pisar num palco diante de quatrocentas pessoas? Tentei parecer nervosa.

– Então, já foi hipnotizada antes?

– Não. E acho que não acredito nisso.

– Você alguma vez chegou ao seu destino quando estava dirigindo sem a menor lembrança da última meia hora de viagem?

– Sim.

– Já aconteceu de estar tão envolvida numa conversa a ponto de esquecer as pessoas ao redor e só ter consciência da pessoa com quem estava falando?

– Sim.

– Já se imaginou numa situação e foi capaz de ver uma imagem de si mesma?

– Sim.

– E não acredita em hipnose?

– Não.

– Você sabe o que é hipnose?

– Bem, não realmente.

– Mas não acredita nela?

– Não.

Risos na plateia.

– Isto, senhoras e senhores, é a perspectiva que mais se vê no público em geral. Obrigada por nos demonstrar isso. – Prazer, Isabel, a perfeita idiota.

– Então, ainda quer entrar em transe?

– Sim. – Posso estar enganada sobre a hipnose, não é? É bom estar errada. Foi o que me disseram no CoDA.

– Tudo bem, Isabel. Agora, por favor, sinta as pálpebras pesadas e feche os olhos.

Fechei os olhos. Não porque me sentisse obrigada, mas porque estava fazendo o que o homem mandava.

– Agora respire fundo algumas vezes – ele disse, numa voz profunda e hipnótica. Comecei a sorrir. Se ele pensava que podia me hipnotizar usando essa voz de "quero sexo agora", estava muito enganado. Sorri um pouco mais. – Isso às vezes acontece quando alguém está nervoso e inseguro a respeito de entrar em transe. – Ele sorriu. Convencido! Eu não estava nervosa, apenas o achava engraçado. Mas ele não me perguntou; apenas disse à plateia que eu estava nervosa. Fiquei indignada.

– Então, ria quanto quiser. – Uma risadinha mais e eu estava curada. – Agora, enquanto respira, você vai começar a se sentir cada vez mais relaxada.

Eu sentia que ele observava minha respiração e fazia sua inflexão corresponder aos altos e baixos da inspiração e da expiração. Então ele diminuiu o ritmo. Agora, por favor, mantenham-se despertos enquanto leem o que vem em seguida.

– Agora... – ele entonou, melodiosamente – enquanto se sente mais e mais relaxada, você provavelmente está se perguntando que profundidade terá o transe em que vai entrar... – Eu ouvia o que ele dizia. – Agora, enquanto relaxa os músculos dos olhos e do rosto, você sente que o relaxamento está cada vez mais profundo...

Eu só ouvia a sua voz. Não que eu não soubesse onde estava, mas não pensava nisso. Aliás, não pensava em nada. Apenas o ouvia.

– Quero que você se lembre de uma época em que se sentiu muito feliz e entusiasmada.

O tom animado de sua voz era contagioso. Lembrei de uma época em que tive grande sucesso num espetáculo de teatro.

– Enquanto vê sua imagem nessa época, quero que entre na imagem. Veja as coisas que viu, ouça o que ouviu e sinta o que sentiu. – Comecei a sentir calor, felicidade e entusiasmo. Que imbecil eu era? Isso aconteceu anos atrás.

– Agora, enquanto sente essa felicidade fluindo por você, quero que pegue esse sentimento e o duplique.

Ri como um ridículo gato de Alice para a imagem dentro da cabeça e o sentimento dentro do corpo.

– Hummmm – ele entoou. – Bom, não é?

Era muito bom. Gostei de que esse dia de dez anos antes se tornasse presente e fosse intensificado. Gostei muito. E me perguntei por que não tinha escolhido um momento de amor apaixonado.

– Agora, mais uma vez, quero que você dobre a intensidade desse sentimento.

Uau! Será que ele pretendia me fazer explodir?

– Agora quero que você guarde esse sentimento consigo enquanto faço uma contagem regressiva de 5 para 1. Quando chegar ao 1, quero que você abra os olhos. Então, 5, 4, 3, 2, 1.

Obediente, abri os olhos.

– Como foi? – Eu sorri. Ele disse: – Isso foi um transe hipnótico.

– Mas continuei ouvindo você.

– Sim. Isso mostra que você não está morta. Sentiu mais alguma coisa?

– Me senti entusiasmada, revigorada, em transe.

– Então, se quiser voltar a seu lugar, gostaria de falar um pouco sobre o que é o estado de transe. Um transe, que pode ser mais leve ou mais profundo, é a perda da multiplicidade de focos de atenção.

Em outras palavras, ele estava definindo meu "estado alterado" como transe. Me senti interessada, mas também um tanto decepcionada. Esperava que ele fosse capaz de se livrar de minha mente consciente e dar instruções diretamente ao meu subconsciente. "Seus seios estão cada vez maiores. E agora quero que você pegue o tamanho a que eles chegaram e o duplique."

Mas estávamos apenas na tarde de segunda-feira. O curso tinha sete dias.

Os dias começaram a se confundir. As manhãs começavam com três horas de *stand-up comedy* do gênio maluco. Uma manhã, enquanto bebia meu café, ele começou a imitar um policial americano bebendo café.

– Eles se enchem de cafeína e depois começam a comer bolinhos doces. Como qualquer um que tenha estudado reações químicas sabe, a cafeína e o açúcar são uma combinação letal. Mas é isso que eles põem no corpo o dia inteiro. Mais cafeína e mais doces. Então o telefone toca e eles sofrem um surto de adrenalina. Com a adrenalina correndo pelo organismo, saem e fazem cinquenta furos de bala em alguém que não tem uma arma.

Era estranho ouvir um maluco nos dizer para ter mais consciência de nosso corpo. Só que ele não usou essas palavras, naturalmente. Ele disse:

– Existem outras maneiras, além das drogas, de alterar o estado de consciência. Sei do que estou falando. Tomei toda a merda que existe por aí. Um dia, aprendi o que fazer com meu cérebro, sem a droga. Poupa muito dinheiro.

Ele era, sem dúvida, uma das pessoas mais interessantes que eu conhecia neste planeta. Ele continuou:

– O sistema nervoso não sabe a diferença entre o real e uma experiência imaginada.

Foi por isso que, quando me lembrei de um momento estimulante na segunda-feira, comecei a me sentir animada. Isso pode parecer muito óbvio, mas a verdade é que sofremos lembrando acontecimentos infelizes recorrentemente. Por que fazemos isso? Se o sistema nervoso não sabe diferenciar o real da experiência imaginada, não admira que eu tenha me sentido exausta depois do *workshop* sobre vidas passadas.

– Vocês precisam praticar os bons sentimentos. Injetem endorfina em si mesmos. – Ele continuou afirmando o óbvio que não era óbvio. – E, quando ouvirem uma voz interior negativa, repitam este mantra: "Feche essa boca maldita!"

Ele falou durante três horas todas as manhãs, no final das quais minha bexiga parecia uma bola de futebol. Mas eu não queria sair da sala. Era muito simples o que ele dizia, variações sobre "aprenda a se sentir ótimo". Quando começávamos a cair de fome, ele dizia:

– Sei que vocês estão famintos, mas não estou com fome, e vamos fazer do meu jeito. – Era tão insolente que me dava vontade de ouvir o que mais ele tinha a dizer.

À tarde, a dupla gordo e magro assumiu o seu lugar, e tivemos a oportunidade de tentar hipnotizar um parceiro e levá-lo a um "estado de capacitação". Isso significa reproduzir um estado de felicidade.

– Veja o que funciona para o seu parceiro. – Eles sugeriam que usássemos palavras capazes de obter uma resposta e verificássemos quando o rosto do parceiro se iluminava. – Vocês podem experimentar dinheiro, homens, mulheres, ofertas de emprego, chocolate. Quando perceberem o que funciona para ele, podem dizer: "Vamos trabalhar com isso".

Era o contrário do trabalho com vidas passadas. Notei que o timbre de voz de minha parceira mudou quando ela disse "banana caramelada". Então, enquanto ela mantinha os olhos fechados, eu disse:

– Quero que você veja a banana e o caramelo derretido sobre ela. Agora, quero que pegue uma colher e escolha que lado da banana você deseja comer primeiro. Agora, quero que leve a colher à boca...

De agora em diante, podem me chamar de Pávlov. Sei fazer alguém salivar sem nenhum alimento num raio de quilômetros.

Na quinta-feira, corri para ocupar a primeira fila para a sessão de comédia da manhã. Ninguém, fosse qual fosse seu poder e sua posição, era poupado do sarcasmo de Bandler. Quem pertencesse a alguma igreja era particularmente odiado.

– Quando me mudei para um novo bairro, um padre católico foi à minha casa muitas vezes. Eu tinha posto uma placa perto da sua igreja caindo aos pedaços: "Pare com a reforma – fim da tirania!"

Mas Bandler explicou que era muito importante estudar religião "para entender por que todo mundo é enrolado". Ele tinha um cachorro.

– Eu lhe ensinei um truque, para quando as testemunhas de Jeová se aproximassem: pular na região genital e morder... Curiosamente, não recebi mais nenhuma visita deles.

Ele também tinha uma maneira de lidar com as feministas.

– Uma amiga me pediu para substituí-la numa palestra que ela faria a um grupo de 175 ativistas feministas. Eu as cumprimentei com: "Ei, gatas, como é que vão?" – Fiquei imaginando a reação que essa apresentação teria criado, as mudanças químicas que devem ter se produzido. – E continuei: "É uma pena Sally não poder estar aqui. Creio que ela está naqueles dias. Vocês sabem como as mulheres são frágeis".

Ele contou isso com a cara mais séria do mundo. Era interessante imaginar aquelas mulheres tentando desesperadamente não se enfurecer e lhe dizer que ele era um porco chauvinista, como ousara falar com elas daquela maneira, etc., etc.

Vocês estão irritados? Vejam bem: o objetivo dele não era menosprezar o feminismo, mas mostrar que elas não podiam se permitir ter uma reação. Ele não estava sugerindo que se deve ter preconceito e intolerância, mas que o feminismo trata da libertação. Se ele podia "escravizá-las", e se era capaz de irritá-las chamando-as de "gatas", que liberdade era essa? Se ele as menosprezava e elas riam para ele, então ele não tinha o menor poder sobre elas. Mas imagino que é preciso ser um bom orador para fazer isso.

Ele era igualmente mau com seus ataques aos homens.

– Pensem no futebol, por exemplo. Um bando de homens correndo por um campo atrás de um objeto esférico, sujando-se, batendo a cabeça, se machucando, e depois ainda dizem: "Não há nada melhor". Eu lhes digo: "Vocês estão namorando a garota errada".

E não era só o futebol. Seus ataques incluíam essas pessoas que esquiam montanha abaixo e pulam obstáculos de 90 graus dizendo que isso lhes dá um pico de adrenalina.

– Vocês podem dizer que eles não têm uma boa vida sexual, porque poderiam ter uma experiência melhor sem sair do quarto.

Deduzi que ele provavelmente não é um esportista. Mas talvez fosse possível gostar de esportes e se divertir no quarto. Eu estava prestando toda a atenção. Ele então nos deu uma dica de como chegar aonde queremos.

– Se vocês encontrarem uma pessoa para quem gostam de olhar, não hesitem: vão em frente e falem com ela.

Quando chegou a hora do almoço, um careca se aproximou, aquele que eu tinha considerado nos primeiros dois minutos o mais interessante da sala.

– Quer almoçar comigo?

Sorri para ele, que evidentemente estava pensando em testar alguma das teorias de Bandler sobre o esqui.

– Você não parece um idiota... – comecei. Será que isso é o que se chama um elogio indireto? – Como é que você chegou até aqui?

– Você parece menos uma idiota do que qualquer mulher que já conheci.

Ah, um elogio direto.

– Meu nome é Mark. Estou aqui por causa do meu trabalho. Sou instrutor, e este curso parece uma radical introdução à PNL. Eles ensinam em sete dias o que a maioria das pessoas leva meses para aprender. Fiquei curioso.

Arrá! Curiosidade. Essa é uma qualidade que adoro num homem.

– E o que você ensina? – Nunca conheci um facilitador careca.

– Na próxima semana vou ensinar solução de conflitos no Ministério da Defesa.

Não pude deixar de rir.

– E na semana seguinte vou ensinar assertividade para professores. Comida vegetariana está bem para você?

Brinquei com a ideia de dizer: "Sim, desde que não contenha trigo, laticínios, frutas ou vegetais". Mas talvez ainda não fosse o momento de espantá-lo. Os idiotas se juntaram a nós no almoço, de modo que apenas ouvimos as várias opiniões sobre o curso. Sempre que alguém dizia que Bandler era ofensivo, eu não podia deixar de rir. Não queria explicar que aquilo era proposital, porque aí elas podiam se sentir melhor. E era uma alegria observar sua indignação. De qualquer modo, no domingo eles provavelmente teriam entendido. Mark também não disse nada, apenas ouviu. Nada de conselhos não solicitados. Quando voltamos ao centro de convenções, ele tinha guardado um lugar para mim. Estava cuidando de mim. Era uma experiência que eu não tinha há muito tempo. Pensei: "Guardou um lugar para mim? Lamento, deve haver algum engano".

Naquela tarde, o gordo devia nos ensinar como mudar o estado de espírito das pessoas na vida cotidiana.

– Normalmente, não me importo de tomar injeção. Entretanto, certa vez fiquei um tanto preocupado quando percebi, olhando para a enfermeira, que ela não estava no estado de espírito adequado para enfiar uma agulha no braço de alguém. Seu nível de estresse era tão alto que ela tremia.

Há momentos em que saber mudar o estado de espírito de alguém é útil. A primeira coisa que ele tinha que fazer era perceber o que ela estava sentindo, colocar-se no lugar dela e então mudar aquele estado. Senti afeto por ele ao ouvir sua história.

– Eu disse: "Você parece muito ocupada". Primeiro, precisava animá-la: "Você me dá a impressão de ser uma enfermeira que gosta muito de seu trabalho". "Sim, é verdade", ela disse. Olhei-a direto nos olhos. "Você parece desejar que seus pacientes se sintam bem, não é verdade?" Ela sorriu e concordou. "Vou lhe dizer o que vou fazer: vou me sentar aqui, olhar para o outro lado e relaxar. Então você pode relaxar também e me aplicar a injeção quando estiver pronta. Tudo bem?" Ela me olhou, sentou e relaxou. Levantei a manga muito lentamente, sorrindo para ela. Depois de me aplicar a injeção, ela admitiu: "Geralmente, fico muito nervosa quando tenho que aplicar uma injeção, porque sei que vou deixar um hematoma no paciente". Eu tinha evitado o hematoma. Como vocês veem, tudo isso pode ser útil.

A técnica que ele usou é chamada de "sugestão hipnótica". Quando ele disse: "Você gosta que seus pacientes se sintam bem", estava lhe dizendo literalmente o que ela pensava. É uma forma sutil de controle mental, se vocês preferirem. É uma ideia assustadora, mas hipnotizamos uns aos outros dessa maneira o tempo todo. É o que acontece quando alguém diz a uma pessoa: "Você parece cansada". Na verdade, ela estava se sentindo bem até ouvir que estava cansada.

Isso é particularmente importante com as crianças. Se alguém diz: "Você é muito bom em matemática, não é mesmo?", elas acreditam. Mas se alguém diz: "Na sua família, todo mundo é péssimo em matemática", pode imaginar como serão seus resultados. Se seu filho tem dificuldade em matemática e um professor que piora ainda mais a situação, você precisa ser inteligente: "Você está melhorando em matemática, não está? Até agora você achou muito difícil, mas está começando a gostar".

Se seu filho é adolescente, você precisa ser muito sutil. Na manhã de sexta-feira, minha filha saiu de casa correndo e voltou cinco minutos depois. Em vez de fazer o comentário habitual: "Ah, você esqueceu alguma coisa", lembrei de dizer: "Ah, você lembrou de alguma coisa. Ótimo". Ela sorriu: "É, lembrei deste livro".

E ainda há a autossugestão hipnótica. Eu a aplico em mim mesma quando digo: "Tenho muita dificuldade de acordar de manhã. Sou uma pessoa noturna e, se não durmo pelo menos oito horas, me sinto péssima. Adoro minha cama e tenho os melhores travesseiros do mundo. Quando o despertador toca, não tenho a menor vontade de me mexer". Meia hora depois, se estou saindo atrasada, começo a me queixar: "Você não tem jeito mesmo. Por que não levantou mais cedo?"

Uma maneira de levar alguém a vencer uma crença negativa é trazê-la do passado. Então, se você estivesse me "treinando", diria: "Então, você costumava ter dificuldade para levantar de manhã? Como você se sente não tendo mais essa dificuldade?" Com isso, você me levaria a um maravilhoso estado positivo, fazendo-me pensar como eu me sentiria se despertasse e saltasse da cama como num comercial de cereal. Eu teria mais horas por dia para atormentar minha adolescente. Parece que, se alguém se tornar bom de verdade nesse "reenquadramento", da próxima vez que a situação ocorrer, o problema simplesmente não existirá mais.

Mark e eu experimentamos isso com uma moça que não conseguia entrar num elevador. Ficava congelada de terror.

– Foi muito bom você ter vindo a este curso para vencer coisas que a aborrecem – eu disse, meio brincando.

– Como será quando essas coisas não a aborrecerem mais? – perguntou Mark com um sorriso.

– Vou entrar num elevador. Assim – ela disse. E entrou no elevador. Olhamos para ela, surpresos, e entramos atrás dela. Se nesse momento eu dissesse: "Então você tinha ataques de pânico dentro de um elevador?", teríamos uma situação interessante. Era tentador, mas resisti.

– Os espelhos dão uma sensação de mais espaço, não é mesmo? – disse Mark.

– É verdade – ela disse, hesitante. Mark me olhou com um brilho nos olhos. Apliquei o que tinha aprendido naquele dia:

–É maravilhoso que no passado você não gostasse de elevadores e agora se sinta bem. Olhe para si mesma. Está dentro de um elevador, conversando conosco e sentindo-se bem. – O elevador chegou ao terceiro andar. Descemos.

– Você está feliz, não está? – perguntou Mark. Ela nos olhou em muda surpresa.

– É a primeira vez que entro num elevador em cinco anos – ela disse. – Costumava entrar em pânico e suar muito, mas fiquei bem, não foi?

Aproveitei o momento.

– Gostaria de descer? – Mark e eu entramos de novo no elevador. – Só para provar a si mesma que se sente feliz dentro de elevadores. – Era importante usar palavras positivas e evitar a frase "não tem medo de elevadores". A parte da pessoa que tem medo é como uma criança pequena, e precisa ouvir a frase "feliz dentro de elevadores".

Quando chegamos ao subsolo, voltamos a subir no elevador. Dessa vez ela estava sorrindo.

– Amanhã eu poderia até almoçar aqui dentro.

É surpreendente que seja tão fácil aplicar esses truques mentais.

– Agora temos que ir. Algum medo mais que gostaria de superar? Ônibus, por exemplo?

Ela estava feliz como alguém que tivesse acabado de saltar de *bungee jumping*. Mark e eu estávamos estupefatos. Eu nunca tinha curado alguém de uma fobia.

– Café? – ele convidou.

– Sempre – eu disse, entrando rapidamente num café.

– Talvez o medo de elevadores não seja tão difícil de vencer – disse Mark. – Será que tivemos sucesso porque éramos leigos no assunto?

– Acho que sim. No princípio, pensei que você estivesse brincando. Ela estava lá quando ele nos ensinou a fazer isso, e no entanto parecia acreditar em cada palavra.

Tínhamos feito algo memorável.

– O medo que ela demonstrava antes de entrar no elevador, Mark, era real. Eu senti.

– Acho que apenas mudamos seu estado de espírito. Ou talvez isso não tenha nada a ver conosco, e ela estivesse preparada para se livrar do medo.

Decidimos que essa era a conclusão mais provável.

– Para onde você está viajando? – perguntei.

– Moro em Devon, mas esta noite estou hospedado no *flat* de um amigo. Fica a quilômetros de distância.

– Você gostaria de dormir na minha casa? Esta noite vou à festa de uma amiga que está reclamando que não há convidados homens suficientes. Ela ficaria muito feliz se eu o levasse.

Ele hesitou por um segundo.

– Eu adoraria.

Eis um desdobramento que eu não esperava: um homem para levar na festa. Ele era espontâneo e curioso. E era careca. Mas Patrick Stewart também é careca, e foi o capitão de *Jornada nas estrelas*.

Fomos à festa, e ele ouviu educadamente todo mundo. Depois viemos para casa e lhe mostrei o quarto de hóspedes. Ele estava acanhado e muito charmoso.

Na sexta-feira de manhã, foram mais três horas de comédia e uma quantidade mínima de ensinamentos. A menos que fosse tudo ensinamento, mas eu estava insegura nesse estágio. As frases de efeito continuaram: “Se quer ser ajudado, tem que participar plenamente”; “Para que servem as limitações?”; “Se você não tem confiança, talvez seja porque não tem competência... Faça um curso”. Depois ele entrou em outra seara.

– Esses estupradores de psique que são altamente respeitados, mas não por mim, me trouxeram uma paciente que há anos tinha paralisia psicossomática numa perna e que eles não conseguiam curar. Além disso, ela tinha ataques se alguém mascasse um chiclete perto dela.

Ele explicou que a colocou em transe e fez o mesmo com seus terapeutas. Então descobriu que ela tinha tomado uma decisão que causara aqueles hábitos e mostrou-lhe que não precisava mais deles. Em meia hora, ela se libertou de um sofrimento de anos.

– Foi tão fácil que me deixou furioso. Fiquei com raiva daqueles dois idiotas que deviam ser seus médicos. Então, livrei-a dos dois problemas e dei a paralisia a um psicoterapeuta e o medo de goma de mascar ao outro.

Quando ele os trouxe de volta à consciência, começou a mascar chiclete, e um dos terapeutas enlouqueceu. O outro descobriu que a perna não funcionava direito. Os dois presumiram que se tratava de um "presente" de curto prazo que Bandler lhes dera como um exercício de empatia. Eles subestimaram o nível de sua raiva. Quando o procuraram uma semana depois e lhe pediram para desfazer o que tinha feito, ele lhes disse que se curassem. Afinal, eram profissionais.

Isso provavelmente parece inacreditável, mas, vendo quanto poder ele tinha, não duvidei da história nem por um segundo. Rimos ao ouvir sua história, por causa da maneira como ele imitava os terapeutas, mas, quando Mark e eu conversamos sobre o caso no almoço, percebemos que não tinha nada de engraçado. Será que ele era mesmo aquela pessoa detestável ou inventara tudo aquilo? Naquela tarde, eu sentiria na pele a sua raiva.

Ele estava trabalhando com um homem, guiando-o através de meditações. A certa altura, ele disse:

– E você vai conhecer um novo nível de sensibilidade no prazer. Você vai aprender a ralentar o tempo de modo a desfrutar cada momento do prazer sexual. – Soltei um som de apoio e apreciação do trabalho, mas com isso o interrompi. Ele ficou furioso e me fuzilou com o olhar. – Não é o seu processo. Seu nome não é John. Você é *gay* ou algo assim? – Senti uma corrente de energia negativa. Não tive a oportunidade de responder, mas senti que a força e a energia que aquele homem usava para o bem, ele também podia usar para o mal, se quisesse.

Ergui uma barreira de aço contra sua insinuação. Sei quanto amo os homens e não duvido de minha preferência sexual, mas, se fosse uma pessoa mais fraca, poderia ter ficado confusa com sua insinuação, atirada sobre mim com a energia de megawatts. Afinal, eu não tivera a intenção de agredir ninguém. Minha intenção havia sido demonstrar minha admiração por seu trabalho, reconhecer que a capacidade que ele oferecia a John estava sendo oferecida a todos nós. Pensei nos dois psicoterapeutas, que tinham feito o melhor que podiam e não tinham recebido a menor compaixão por parte dele. Saí da sala me perguntando se ele teria feito mau uso de seu poder.

Durante o almoço, outro delegado argumentou que ele só tivera aquele poder sobre mim porque eu o permitira. Minha preocupação era me proteger da energia negativa que ele lançara sobre mim.

– Eu estava sentado ao lado dela – disse Mark – e também senti.

O gênio louco havia dito:

– Há quem ache que sou o demônio. Não sou, mas ele trabalha para mim às vezes.

Eu ri, mas o uso indevido do poder não é demoníaco?

Apesar de tudo, eu queria voltar. Estava aprendendo muita coisa e rindo mais do que nunca. Durante toda a semana, tinha-o ouvido dizer, por exemplo: "O segredo do aprendizado de toda a vida é parar de se comparar com outras pessoas e só competir consigo mesmo. Todos os anos, pergunte-se como pode dobrar sua capacidade de aprender e preste atenção a seu processo. O que você quer saber? Quando decidir o que quer saber, não leia um livro. Vá e descubra sozinho".

Na sexta-feira à tarde, o hipnotizador e o gordo nos falaram sobre as pistas visuais. Trata-se de um método de observar as pessoas atentamente quando tentamos aprender o que elas sabem. Se encontrar alguém que é bom em alguma coisa, pergunte-lhe como faz isso exatamente e observe-o com toda a atenção enquanto ele lhe conta. A razão disso é que ele pode criar imagens mentais, ouvir uma voz ou manter um diálogo interno. É a observação levada a um extremo fascinante. Percebi que nunca tinha observado alguém com total atenção. Mal sabia dizer a cor dos olhos de meu último namorado.

Na manhã de sábado, eles levaram cobras e aranhas e pediram voluntários que tivessem medo delas. Um mulher foi convidada a subir no palco. Uma caixa de vidro foi colocada no saguão, a uma distância considerável, e ela começou a gritar. Lembrei a explicação de Roger Woolger sobre esses medos irracionais como marcas de vidas passadas. Parecia uma boa explicação em face daquela histeria. McKenna a relaxou e falou com ela como tinha feito comigo.

– Você se lembra da primeira vez que teve medo de aranhas?

Ela contou a história em detalhes. Sempre que via uma aranha, o filme original passava por sua cabeça, e por isso ela o conhecia bem.

– Você percebe que fez uma escolha no passado da qual não precisa mais?

Uma pausa.

– Não tenho certeza.

– Agora você está pronta para fazer uma nova escolha, certo?

– Sim.

Então ele a conduziu a um estado positivo, fazendo-a lembrar de uma época em que se sentia poderosa. Tínhamos aprendido que o medo é um estado químico do organismo. Se alguém produz um estado químico decorrente de felicidade e poder, o medo desaparece. Ele lhe pediu que abrisse os olhos e lhe perguntou como classificaria o seu medo numa escala de 1 a 10. Ela o classificou em 6. Então ele lhe pediu que ampliasse esse medo e o levasse a um grau 8.

Ela sorriu.

– Não sei se posso fazer isso.

– Então podemos trazer a aranha agora? Por falar nisso, ela se chama Otávia.

– Claro. – O homem apareceu de novo com a tarântula. Quando estava no meio da sala, ela disse: – Pode parar. Essa é uma boa distância.

– Então você pode elevar o medo a 8 agora?

– Com certeza.

– Agora pode baixá-lo a 5? – Ela fez que sim. – E baixá-lo a 3? A 2? Podemos trazer Otávia até aqui?

– Tudo bem.

Então ele começou a encantá-la com detalhes zoológicos – peso, tamanho, ambiente natural – e lhe explicou que, quando a segurasse, devia tomar todo o cuidado, porque a aranha era frágil. Se a deixasse cair, poderia machucá-la. Talvez seja verdade, talvez não. Mas teve o efeito de tornar a voluntária tão curiosa e atenta que o foco se desviou totalmente do medo. O processo todo durou uns vinte minutos, no fim dos quais a aranha passeava calmamente por sua mão. A plateia se levantou e aplaudiu.

Vocês podem estar se perguntando se a voluntária não foi plantada. Acho que não, e sou bastante cética também. Falei com ela depois e não tive dúvida de que era uma participante comum. Se algum de vocês tem medo de cobras ou aranhas, talvez esteja pensando: "Ele não ia me curar assim tão facilmente". Talvez você esteja certo, talvez não. Vocês se lembram daquela frase que aprendi no Seminário da Percepção? "Há os que acham que podem e os que acham que não podem, e todos estão certos."

Mas voltemos à tarde de sábado, quando todos nos tornamos terapeutas de fobias. Ele solicitou às pessoas que pensassem num medo ou numa fobia. Meu parceiro tinha terror de falar em público. Pedi que ele fechasse os olhos e se lembrasse do momento em que sentiu esse medo pela primeira vez. Fora numa entrevista de emprego em que tinha sido humilhado diante de uma comissão. Então lhe pedi que pensasse num momento em que tinha se sentido feliz e cheio de recursos. Fiquei sabendo que ele era um cantor de *rap*. Não tinha problema para cantar em público, só para falar. Eu o fiz acessar o estado dessa segunda experiência e então lhe pedi que, nesse estado, discursasse no casamento do irmão, que estava próximo. Ele começou a rir e disse:

– Agora parece uma bobagem ter sentido tanto medo.

Foi muito fácil. Aparentemente, quando a gente sente o medo girando no estômago, pode retirá-lo e fazê-lo girar ao contrário. Então, é só colocá-lo de volta no estômago, onde ele vai girar no sentido contrário e se transformar em entusiasmo e força. Sei que parece loucura, mas experimentem.

No sábado à noite, Mark me levou para jantar com uns amigos dele. Bebi vinho demais e fiquei alta, mas eles riram, e ele não desistiu de ir para casa comigo.

No domingo de manhã, eles nos deram nossos certificados. Houve uma cerimônia, na qual tivemos de pegar os envelopes que continham os certificados e colocá-los no alto da cabeça, como um chapéu de bispo. Bandler nos fez repetir um juramento: "Prometo não ser um traidor e agir como um filho da puta, mas sair pelo mundo e fazer as pessoas felizes sem nenhum motivo".

Terminamos às 2 horas da tarde. Caminhando com Mark pelo Hyde Park, discutimos a semana e chegamos à conclusão de que valera a pena. É fácil perceber por que as outras organizações de PNL os odeiam. Eles não ensinam teoria, mas tentam demonstrar os princípios subjacentes. Bandler escreveu muita teoria, mas gosta de mostrar os benefícios da PNL sem produzir idiotas que conheçam as minúcias sobre o funcionamento da PNL sem aplicar o princípio fundamental de liberdade em sua vida. A pessoa que me disse que seria uma semana perdida estava errada. Aprendi que estava disposta a continuar minha busca de felicidade. Mark disse que estava interessado em ver até que ponto somos receptivos à sugestão, e que agora poderia usar algumas das técnicas para induzir o relaxamento em seu trabalho. Justo quando falávamos do uso da linguagem positiva, de repente seu tom de voz se alterou:

– Eu estava pensando se você gostaria de sair comigo.

– Hum... hum... – Olhei para ele. Além de careca, como já mencionei, ele era do norte. Tinha um jeito engraçado de pronunciar algumas palavras. – Onde você nasceu? – perguntei. Ele evidentemente se perguntou que diferença isso podia fazer.

– Na Escócia.

– Então você não nasceu no norte?

– A Escócia é no norte.

– Ah, não. É muito diferente. – Uma moça do sul precisa ter seus princípios. Afinal, me casei com um homem de Yorkshire e não queria correr o risco de que isso acontecesse de novo.

– Entendo. Nasci na Escócia e fui criado em Derby.

– Sei. [Suspiro] E quanto tempo vai durar essa coisa de sair?

– Até agosto.

– Por que agosto?

– Porque um dia de agosto você vai estar numa praia em Devon, bebendo um excelente vinho tinto.

– Vou? – Acho que isso é o que se chama sugestão hipnótica. – E o que mais?

– Uma promessa de fidelidade da minha parte e um pedido da mesma coisa da sua parte.

– Entendo. – O quê? Nada mais de americanos? – Vou pensar. Tudo bem?

– Tudo bem.

Caminhamos até a estação de Paddington. Acenei para uma careca brilhante que se afastava. Uma mão acenou acima dela. Imediatamente, comecei a argumentar comigo mesma. Ele não tinha a capacidade física do meu ex, que era atleta olímpico. Nem sabia cantar como outro ex. Não tinha a conversa brilhante do meu amigo, o escritor casado, nem o humor impiedoso do meu amigo *gay*, nem a alegria do último americano que me rejeitara. Ele não era Louis de Bernières. E o pior é que ele não tinha todas essas qualidades numa só pessoa.

A srta. Feminina parecia estar discutindo consigo mesma e não com o meu lado masculino: – Não estou feliz de ver seu trem partir. Ele é tão gentil!

– Mas estou entusiasmada? – perguntei.

– Veja bem: ele vive do mesmo lado do Atlântico, o que já é um progresso considerável – interveio o sr. Masculino.

– Sim, mas gosto do sotaque americano, das atitudes e da liberdade dos americanos. Gosto do sotaque francês, do espanhol, de qualquer sotaque mediterrâneo. Do sotaque irlandês, escocês, galês! Gosto de todos os sotaques, menos de alguns sotaques do norte.

O sr. Masculino perdeu a paciência.

– Isabel, já vi você usar as razões mais ridículas para não namorar alguém, mas a pronúncia nunca foi uma delas. Você não merece ser feliz com alguém. Por que você não continua procurando ser feliz sozinha pelo resto da vida? Você é ridícula!

E ele nem usou uma voz *sexy*. Ela começou a gemer:

– Quem disse que não vamos sair com ele? Gosto dele. Por que não podemos sair com ele?

– Porque ela – ele disse, referindo-se a mim num tom agressivo – ainda não esqueceu aquele último americano ridículo.

– Mas ele não a quis – ela gemeu.

– Eu sei. Mas isso não a impediu de continuar a amá-lo. Não é ridículo?

Entrei num café, sentindo a aproximação de uma dor de cabeça. Estava confusa. Então lembrei o conselho do gênio louco da PNL de lidar com as vozes interiores e cortar as grosserias. Tentei ser educada com os dois:

– Vocês poderiam me fazer o favor de calar a boca?

Silêncio.

Ainda estou pensando. Tenho certeza de que o americano que me deu o fora é muito especial. Ele me rejeitou antes de chegar a me conhecer direito. Sei que poderia amá-lo de uma maneira que ele ainda não entende. Vocês veem, como muitas mulheres tolas, digo "ainda" porque estou aberta à possibilidade de que ele venha a entender um dia. Talvez um dia eu receba um telefonema e aquela voz que amo diga: "Sinto a sua falta". E, se eu não estiver casada... Mas se ele não telefonar e estiver namorando outra pessoa, o que devo fazer? Esperar? Acho que não. Não estou sugerindo que meu americano seja perfeito – longe disso. Só que não tive a chance de amá-lo. Mas ele é empolgante, provocante, engraçado e está sempre um passo à minha frente. A amarga verdade é que esse homem está namorando uma de minhas amigas. Novo parágrafo, certo?

Portanto, se eu namorar alguém em vez de esperar por quem eu realmente amo, posso me tornar humana. Mark está me oferecendo a chance de amá-lo, e se oferecendo para me amar também. Embora eu tenha lhe dito que é contra meus princípios namorar um homem do norte. "Um trabalhador incansável do norte está preparado para namorar uma sulista ambiciosa? Você não imagina que quebra de princípios isso representa." Ele sorriu pacientemente.

Então deu um passo inteligente. Pediu a permissão da filha para namorar a mãe. Naturalmente, ela riu e disse que era melhor ele me pedir. Mas mesmo assim lhe deu sua aprovação. Fiquei tocada. Portanto, acho que vou sair com ele e ver o que acontece. Será que é possível ser feliz namorando alguém? Eis um desvio interessante no caminho. Em vez de conhecer o príncipe no último capítulo e descer a Battersea Park Road num Mini branco, tenho que viver a realidade. Tenho que conhecer um homem real antes do fim da história e descobrir se minha busca de felicidade fica mais fácil ou mais difícil. Afinal, mesmo nos contos de fadas nunca sabemos o que acontece depois do "felizes para sempre". Será que vou ser feliz namorando Mark? Vou querer ficar com ele ou deixá-lo? E posso ser feliz de um jeito e de outro? Será que estou prestes a descobrir por que nenhum dos gurus jamais namorou?

Fase 14

Anjos, fadas e nortistas carecas

A vida dá muitas voltas, e consegui um trabalho de pesquisa. É o tipo de emprego na tevê no qual a gente passa semanas trabalhando em ideias de programas que nunca chegam a ser realizados. Alguma mente brilhante no Canal 4 teve a ideia de outra série médica. Eles me pediram para compilar uma série de programas, cada um sobre um novo tratamento médico para uma doença mortal. Um de meus "amigos" da emissora procurava um otário para fazer esse trabalho. Meu telefone tocou.

– Todos têm que ser casos reais de doenças verdadeiras – ele disse, rindo. – Temo que o dinheiro não seja grande coisa...

Enquanto isso, eu estava confusa com esse novo homem. Ele tinha o costume de nos convidar – a mim e à minha filha – para gloriosos fins de semana em North Devon, com direito a escaladas, surfe e caminhada por paisagens espetaculares. Decidi que, definitivamente, ele não era para mim, mas continuei saindo com ele. Eu não estava namorando, mas partilhava sua cama. Pensei que se convivesse mais com ele, isso me ajudaria a tomar uma decisão para um lado ou outro. Convenientemente, meu aniversário se aproximava, e eu esperava um aconchego depois do jantar de celebração. A srta. Feminina providenciou a luz de velas.

– Então, o que você quer ganhar? – ele perguntou, generoso.

– Qualquer coisa? – ronronei. O sr. Masculino me observava, enojado.

– Qualquer coisa.

– Vai haver um *workshop*...

Um olhar de muda surpresa. Acho que não era a resposta que ele esperava.

– Sim?
– É na ilha de Man.
– Tudo bem. Nunca estive na ilha de Man. Qual o tema do *workshop*?
– Anjos.

A Manx Airline tem dois voos diários num desses aviõezinhos em que a gente embarca por uma escadinha de metal. Sempre me fazem lembrar de Marilyn Monroe e JFK, ou de políticos importantes prestes a voar para negociar um acordo de paz mundial. Talvez em minha próxima vida.

Decidimos ir mais cedo e explorar a ilha. Tomamos um trem que parecia de brinquedo, tão romântico que a gente até esquece como ele cheira mal. Mas em pouco tempo eu estava enjoada e pensando no dano que a queima de todo aquele combustível fóssil causava à camada de ozônio.

Mark estava alegre, provocando a moça da cidade:

– Aqueles animais ali se chamam vacas – comentou.

Eu resmunguei por causa do mau cheiro, até que chegamos a Purt Chiarn, que se pronuncia "port erin".

Era uma cidade à beira-mar. Tinha uma praia de areia, uma baía de cartão-postal, cercada por montanhas que pareciam pintadas em aquarela e por pequenas casas de chá. Desembarcamos com nossas malas, parecendo turistas londrinos, e saímos em busca de um hotel.

– Estamos procurando um que tenha uma colcha de algodão cor-de-rosa – pedi, toda feliz.

Uma senhora que com certeza dedicara a vida a comer batatas fritas feitas em casa nos deu um endereço e nos serviu um chocolate quente.

O sol brilhava como devia, e eu estava começando a me sentir afetuosa em relação ao careca sentado à minha frente, quando ele disse:

– As placas dos carros são interessantes. Veja! Evidentemente, eles mudaram o sistema nos últimos dez anos. Nos carros mais velhos há um número seguido da palavra Man, enquanto os novos têm as iniciais NM com uma letra de prefixo seguida de um número. – Fiquei pensando como responder a essa informação. Ele continuou: – Às vezes eles usam um certo número de letras seguidas de um número sobre fundo amarelo.

Respirei fundo:

– Podemos ir?

Encontramos a colcha desejada num quarto de frente para o mar e depois saímos para explorar a cidade. Tinham me dito que eu ia encontrar centenas de homens fortes vestidos de couro preto. Eu já tinha visto muitas corridas de moto e, em algum canto da mente, me perguntei se a beira-mar estaria lotada de grandalhões americanos montados em Harley Davidsons. Mas sorte mesmo seria ter chegado num fim de semana de corridas de ciclismo. Quando caminhávamos pela cidade, ouvimos um homem gritar num megafone: "E agora os corredores de menos de 10 anos". Meninos vestidos de camisetas de *lycra* alinhavam suas bicicletas, prontos para pedalar em volta do quarteirão e tentar ganhar 3 libras. Nenhuma pele de vaca à vista.

Sou muito covarde para esportes competitivos. Vendo todos aqueles pequenos ciclistas tristes e cabisbaixos, desejei que todos pudessem ganhar. Olhei para eles com o coração partido.

– Eles estão se divertindo – disse um insensível morador local quando eles partiram sob os gritos paternos de incentivo.

A bandeira era acenada, e os meninos vitoriosos subiam no pódio para as fotos habituais. Eu queria dar uma medalha e 3 libras para cada um dos que não estavam no pódio e dizer-lhes que também tinham se saído muito bem. Evidentemente, eu tinha sido muito influenciada por estranhas ideias da nova era para ser capaz de enfrentar a dura realidade das corridas de bicicleta à beira-mar. Os grupos se sucederam por faixa etária. Ainda estávamos lá quando chegou a vez dos "veteranos", que deviam ter acima de 40 anos. Contei nos dedos os anos que faltavam para eu me tornar uma "veterana".

Caminhamos pela praia e vimos o sol se pôr. Como sempre, comecei a roubar as pedrinhas da praia. Decidi recolher pedras redondas de quartzo branco e oferecer uma a cada participante do seminário. Mark esperou pacientemente.

Decidi definitivamente que gostava dele, e, justo quando o sol mergulhou na água, ele disse:

– Quando decorar minha cozinha, quero que a louça toda combine.

Decidi definitivamente que ia deixá-lo. Logo. Depois ele me irritou mostrando que sabia o nome de todos os pássaros marinhos e falando sobre os efeitos da lua e do vento sobre as marés. Eu poderia ter lhe falado em detalhes sobre os horários de funcionamento da Starbucks da King's Road.

No dia seguinte, Mark quis tomar o trem que subia a montanha. Tomamos um trem a vapor e depois um trem elétrico. Decidi não me perguntar se ele tinha mais interesse em trens do que eu poderia esperar. Ele era tão doce, tão compreensivo, tão gentil!

– O que você deseja fazer esta tarde, querida? – ele tinha dito, e, enquanto eu pensava que ele era um homem adorável e como eu pudera pensar em viver sem ele, veio outra bomba: – Veja o verniz desta madeira. Acho que eles poderiam ter lixado um pouco mais. Parece que usaram uma camada em cima da outra, em vez de dar uma boa lixada entre uma camada e outra. – Quem é que aguenta uma coisa dessas? – E acho que eles usaram poliuretano em vez de verniz de verdade. Não tem brilho, não é mesmo?

– Não, querido – respondi.

Chegamos ao topo do monte Snaefell, de onde se podia avistar a Inglaterra, a Escócia, a Irlanda e o País de Gales. Digo podia porque naquele dia tudo o que se via era neblina nas quatro direções. Mas as ovelhas eram lindas, e no café serviam um bom chá com bolinhos e geleia. Travamos uma conversa com um solteiro solitário que nos contou que, na noite anterior, tinha subido o monte para a festa anual dos entusiastas por ferrovias. Havia uns duzentos deles na ilha, todos munidos de câmeras, fotografando as locomotivas. Avisei a Mark que se ele manifestasse mais alguma desaprovação ao poliuretano, eu o inscreveria entre os entusiastas.

Para colher minha vingança, naquela noite fomos visitar uma amiga que eu conhecia desde meus tempos de bandeirante. Eu era chefe de patrulha, o que naturalmente eu adorava, porque me oferecia a desculpa perfeita para dar montes de conselhos não solicitados. Sei que vocês não ficarão surpresos de saber que, desde tenra idade, mostrei um formidável talento para a chefia, e por isso passei todo o tempo que devia dedicar às lições de casa montando barracas. As seis meninas infelizes que eu tinha aos meus "cuidados" nunca me esqueceram, mas essa, tendo uma natureza capaz de perdão, quis nos oferecer chá e nos mostrar seu gato *manx*, ou seja, típico da ilha de Man. É verdade que eles têm gatos sem cauda. Era muito estranho, como se não pudessem se equilibrar, mas muito bonitinhos.

– É um defeito genético – explicou minha amiga Miki, enquanto aborrecíamos Mark com lembranças sobre nós duplos e outras bobagens. Ele não conseguiu nem fingir interesse quando ela nos mostrou suas fotos de casamento. Foi impressionante.

Naquela noite, tomamos um trem puxado a cavalo de volta ao hotel. Mark era uma pessoa muito agradável para passar o dia. E, como vocês devem estar se perguntando, agradável de passar a noite também. Eu estava contente porque o curso ia começar. Será que eu ia descobrir que nossos anjos da guarda eram incompatíveis?

Convém chegar às acomodações de um *workshop* preparado para o pior. Num deles, ninguém dormiu na primeira noite porque os quartos eram gelados. Portanto, foi com certa surpresa que entramos no Brightlife Institute, em Andreas, no norte da ilha. O Centro de Retiros e Cursos de Negócios era um hotel cinco estrelas. Fomos levados a um luxuoso quarto, maior do que todo o meu apartamento da Battersea Park Road.

Eu tinha sido inscrita como esposa de Mark, e, quando disse que meu segundo nome era Losada, passei a ser sra. Losada.

– Não existe uma sra. Losada – tentei explicar, deixando a impressão de que era casada com alguém e estava tendo um caso com outro. A camareira sorriu, compreensiva. – Não, é verdade. Não existe nenhum sr. Losada. Sou solteira. E não estou tendo um caso. – Eu só piorava as coisas.

– Não nos interessa se você está tendo um caso, querida – ela sussurrou.

– Sei disso, mas não estou.

– Está tudo bem então. – Ela piscou. Devia haver uma maneira de evitar essa situação.

Mark e eu fomos cumprimentar os outros participantes. A essa altura, vocês não mais se surpreenderão de saber que havia dez mulheres e quatro homens. Quatro pessoas viviam na ilha, e os outros tinham vindo da Inglaterra. Falei com um dos homens, um gordo do tipo leitor do *Sun* que parecia totalmente deslocado. Perguntei-lhe o que ele fazia (não que eu costume fazer essa pergunta, como vocês devem se lembrar), e ele disse que era jardineiro, o que me agradou muito. Enquanto tomávamos uma primeira taça de vinho, ele nos informou que o curso se chamava Trabalhando com Anjos, Fadas, Musas e Espíritos da Natureza. Mark estava quase pronto para partir. Mas então William Bloom chegou. Não sei o que eu esperava de alguém que dava um curso sobre fadas, mas não era esse homem.

Foi servido um jantar de *haute cuisine*, durante o qual investiguei William. Ele dava aulas pelo mundo afora, tinha dez livros publicados e era muito solicitado como palestrante em sua disciplina.

– Você estuda fadas como acadêmico? – perguntei, muito séria.

– Meu pai era psiquiatra freudiano, e minha mãe, uma jornalista nova-iorquina. Eu me formei em política internacional na Faculdade de Economia de Londres e defendi doutorado em psicologia política antes de dar palestras sobre os problemas psicológicos nas relações internacionais.

– Ah... – E esse homem ia nos ensinar sobre o mundo espiritual?

Mark já estava confuso. Pedi outra porção de merengue e pudim de frutas de verão.

Quando o jantar finalmente terminou, tivemos a primeira reunião do círculo das fadas. Ele não o chama assim, mas eu chamo. Depois da habitual apresentação, William explicou o que aconteceria.

– O curso é 20 por cento teórico e 80 por cento prático. O objetivo é ajudar vocês a entender como é o mundo dos anjos, musas e espíritos da natureza; em segundo lugar, ajudá-los a vivenciar o mundo dos espíritos, e, em terceiro lugar, capacitá-los a recorrer a essa consciência sempre que quiserem.

– Como é que você descobriu o mundo espiritual? – perguntou uma senhora de uns 60 anos, cabelos compridos e aparência confiável.

William iniciou sua introdução:

– Sempre fui sensível a diferentes atmosferas e, como muitas pessoas, desde a infância eu sentia que tudo estava vivo – não só animais e plantas, mas até rochas. Tudo parecia ter uma qualidade vibrante. Interessei-me em explorar isso. Quando estava com 25 anos, descobri um manuscrito do século XIV que falava de um homem que tinha passado seis meses pedindo para conhecer seu anjo da guarda. Mudei para o Marrocos e passei a viver nas montanhas para repetir sua experiência. Construí uma capela e todos os dias rezava: "Lamento se sou um idiota, mas, por favor, me deixe conhecer meu anjo da guarda". No último dia, aguardei com ansiedade, orando como louco, e nada aconteceu. Me senti um perfeito imbecil.

Risos gerais. Todo mundo já gostava dele. Ele continuou:

– Exausto, voltei para a minha cama e chorei. Quando acordei, uma compulsão me fez voltar às orações, e então senti uma forte presença de amor me envolvendo. Era absolutamente real, tanto que não pude duvidar dela nem considerá-la fruto da minha imaginação ou projeção do meu desejo. Era real. Desde então essa experiência de sentir e ver a pulsação e a beleza em tudo vive o tempo todo comigo.

– O tempo todo? – perguntou um cético professor de ioga.

– A não ser quando estou bêbado, estressado ou de mau humor. Na maior parte do tempo, não estou assim. Honestamente.

Ele era totalmente convincente.

– Esta noite, vamos ver um pouco de teoria – ele disse, dirigindo-se a um quadro. – Existe um campo eletromagnético ao redor do corpo humano. Quando alguma coisa entra em seu campo energético, você pode senti-la.

Não é preciso ser clarividente para saber que algo está lá. Basta ser sensitivo e ter consciência suficiente para perceber. Cerca de 99 por cento das pessoas sentem coisas. Você sabe se seu companheiro vai chegar em casa de mau humor antes de vê-lo. Você sente. As pessoas muitas vezes ficam desesperadas para ver espíritos, mas o que se vê é um campo energético.

Então iniciamos o primeiro processo, uma meditação que devia nos levar "para dentro do corpo". Todos nos sentamos confortavelmente, alguns em almofadas no chão, outros em cadeiras. Fechamos os olhos.

– Agora quero que vocês imaginem um cervo aconchegado no chão, com o nariz tocando a cauda. – Pensei num cervo recém-nascido, seguro num canto da floresta, ao lado da mãe e do pai, repousando sobre folhas, galhos e musgo. Imaginei que tinha quatro pernas e vivia dentro de uma pele malhada. – Respirem com o abdômen – disse William. – E agora quero que vocês se tornem um gato dormindo em segurança. – Meu gato de pelo castanho, companheiro de cama durante quinze anos, tinha me dado inúmeras demonstrações disso. Sei como é ter garras e conheço o cheiro de pelo quente. – Respirem suavemente com a região abaixo do umbigo. Entrem numa relação feliz com seu corpo, como esse gato. Olhem para seu corpo com amor e aprovação.

Senti-me feliz e um tanto estufada com tanto pudim que tinha comido. Essa coisa de "entrar dentro do corpo" é sempre agradável. Acho que é por isso que eles dizem que é "chegar aos sentidos".

Então tivemos que escolher um parceiro e caminhar até ele para sentir seu campo energético, o que não é difícil nem para uma moça da cidade como eu. Em Londres, sempre percebi quando alguém enviava boas ou más vibrações numa sala. Sinto quando alguém me lança um mau-olhado e as vibrações de um olhar do outro lado da sala. As vibrações são reais, com certeza.

De qualquer modo, me aconteceu de ser escolhida por um prodígio da City que, tendo conquistado tudo aos 26 anos, inclusive um Porsche vermelho, tinha se entediado com tudo isso e agora explorava o misticismo com igual paixão. Ele parou à minha frente e me olhou, e caminhamos juntos pela sala. Seu campo energético era tão claro para mim como se tivesse sido colorido de rosa. Suponho que, segundo aqueles que alegam ser capazes de ver a aura, ela era rosa. Eu não podia vê-la, mas conseguia senti-la.

Uma vez que sentíssemos a energia, o trabalho começava. Eu tinha que enviar a energia invisível do alto da cabeça para o seu campo energético, depois, como se ele fosse uma árvore, para o que seriam suas raízes, e depois de volta às minhas raízes, subindo pelo meu corpo até minha cabeça, e de novo para ele. Achei muito divertido. Eu lhe enviava boas vibrações, mas conscientemente. Então William nos pediu para inverter o fluxo. Juro que senti uma energia sutil. A última parte do exercício era abrir o coração.

– Uma cirurgia do coração numa noite de sexta-feira? – perguntei.

– Não. – William ensaiou um sorriso.

Era o chacra do coração que devia ser aberto. É o ponto que fica atrás do osso esterno e que dói quando alguém que a gente ama vai embora, quando a gente sente saudade de um amor. Vocês conhecem essa dor, não é? Esse é o seu chacra do coração. É possível abri-lo para dar e receber mais amor. É uma coisa que vale a pena tentar quando estamos fazendo amor. E aí vai um conselho não solicitado: se você sentir que não quer abrir seu coração, é porque está fazendo amor com a pessoa errada ou no momento errado. Não que eu tenha feito isso, naturalmente. Estou divagando de novo.

À noite, William anunciou que íamos à praia para "estender o exercício". O pessoal do Brightlife Institute providenciou um micro-ônibus e os tapetes para nos sentarmos na praia. Pensaram em tudo.

Flutuei pela praia num estado de bem-aventurança. De repente, *bang*! Um tiro.

–Mark, estão matando alguma coisa! – gritei, como uma *hippie* louca e angustiada.

– Sim, querida. Pratos de barro.

Em segundos, tínhamos a demonstração da incoerência da humanidade. Vamos esperar que os pratos de argila não tenham alma, porque, se tiverem, estou disposta a libertá-los para a próxima encarnação.

Admirei a beleza da baía, do mar e do céu, e, quando estava começando a me acalmar, Mark disse:

– O farol da ponta norte da ilha pisca a cada dois segundos e depois há um intervalo de dois segundos antes que o padrão se repita.

Tomei coragem e perguntei:

– Por que você está me dizendo isso?

– Porque é interessante.

Dois ostraceiros voaram sobre nós, e eu me perguntei se os pássaros tinham tanta dificuldade para escolher um parceiro.

Então William nos reuniu no círculo das fadas. Ficamos em silêncio por alguns minutos, para absorver a atmosfera da praia, e então ele disse:

– Agora vamos repetir o exercício de troca de energia, só que desta vez nosso parceiro será o mar. Muitos de nós ficamos comovidos diante da beleza do mar... – Ele me pareceu tão pouco criativo! – ... mas a maioria apenas olha para ele. Não tem consciência de que é possível aprofundar esse relacionamento e sentir o mar cinestesicamente.

Imagino que nadar, surfar ou velejar sejam maneiras de fazer isso, mas o que ele propunha era um método seguro, que podia ser experimentado com qualquer tempo sem nenhum risco.

Sentei-me na praia de pernas cruzadas, um Buda perfeito. Olhei para o mar, e o mar olhou para mim e me ofereceu lindos ruídos de ondas. Pensei em minha energia e imaginei que ela se expandia para abraçar o horizonte. Visualizei a energia saindo do topo da minha cabeça, circulando e voltando a mim pelos pés. Então reverti o fluxo. Abri minha alma para receber a força e a suavidade da maré.

Sempre achei o mar reconfortante, desde a época em que morei em Brighton com minha avó. Desde que era uma estudante bagunceira, percebi que, mesmo que não conseguisse o papel que queria em *A noviça rebelde*, o mar continuava o mesmo. E mais tarde, mesmo que os garotos da escola de teatro não notassem minha apaixonada adoração, o mar continuava seu movimento eterno. Eu o amava. Era bom me lembrar disso e sentir que podia extrair a energia do mar de uma maneira mais concentrada. Vocês devem estar pensando que tudo isso é imaginação minha, mas quem sabe onde começa e termina a imaginação? O dr. Roger Woolger nos ensinara a desconfiar da frase: "É apenas imaginação sua".

Continuei sentada na praia, comunicando-me com o mar e sentindo sua presença em todo o meu corpo. O que o mar tem que eu não tenho é uma perspectiva de eternidade. Mais uma vez, senti que tudo estava onde devia estar, e, mesmo que eu não estivesse, mesmo quando existe sofrimento, tudo estava bem. Peguei a mão de Mark e caminhamos pela praia.

A manhã de sábado começou com uma dessas mesas que todo mundo deseja para um café da manhã e um funcionário sorridente me perguntando o que eu queria beber. Pedi café, imaginando como meu cólon estaria suportando os ataques. Meus vermes, a essa altura, com certeza já deviam ter renascido e estar curtindo a estadia no Brightlife Institute.

Começaríamos o dia de trabalho com um pouco mais de teoria, uma lição de história sobre a experiência universal de um mundo paralelo, habitado por criaturas espirituais. O grande mitologista Joseph Campbell afirmou que, quando as pesquisas antropológicas realizadas ao redor do mundo começaram a ser reunidas, nos séculos XVIII e XIX, o que se acreditava ser uma incidência culturalmente isolada de espíritos se revelou um fenômeno mundial.

Apesar da abundância de evidências, a psicologia oficial acredita que todas essas experiências são uma criação do cérebro biológico, de modo que qualquer afirmação sobre o mundo dos anjos indica que a pessoa tem uma urgente necessidade de tratamento psiquiátrico.

Trata-se de outro exemplo da arrogância da cultura ocidental, afirmou William, com razão. Rejeitamos milhares de culturas clássicas, místicas e tribais que acreditam em espíritos, julgando que se trate de ilusões psicológicas. Imagino que a maioria das pessoas acredita que se trata de invenção, mas não tenho dificuldade de acreditar no mundo invisível. O Velho Testamento, o Alcorão e as religiões orientais já falavam de anjos, e, todos os domingos, milhões de pessoas em igrejas espalhadas pelo mundo rezam o credo cristão: "Creio em Deus Pai, criador do céu e da terra, e de todas as coisas visíveis e invisíveis!"

Mas conhecer o mundo invisível é uma outra questão. Eu já estava começando a pensar que tudo isso era muito improvável quando, de algum lugar atrás de mim, o jardineiro falou:

– Eu não queria contar para ninguém, mas, trabalhando ao ar livre, sei que existe algo, uma presença. Nunca quis contar isso para que não chegassem os homens de branco e me levassem.

William tinha histórias semelhantes para tranquilizá-lo. Abriu um livro e citou o explorador Sir Francis Smythe, que disse que, ao escalar o Everest, sentiu que estava sendo acompanhado nos estágios finais da viagem: "Em sua companhia, eu não me sentia sozinho, nem podia sofrer nenhum dano. Isso estava sempre lá para me apoiar em minha escalada solitária pela neve".

Depois, citou o poeta irlandês George Russell: "O Mundo Dourado dos Seres Invisíveis está em toda parte [...] beleza oferecida a todos, e quem o buscar não ficará fora dele".

Então ele contou sua história. Não duvidei dele nem por um segundo.

– Uns amigos meus estavam acampando numa floresta. Por volta das 3 horas da madrugada, foram despertados por uma voz que lhes dizia para saírem do saco de dormir e mudarem a barraca de lugar. A voz era tão clara que, apesar do esforço, eles fizeram o que ela ordenava. Ao amanhecer, um enorme abeto caiu sobre o lugar exato onde a barraca estava.

Naturalmente, vocês podem não acreditar, mas aposto que já ouviram relatos semelhantes de experiências sobrenaturais. Quantas histórias desse tipo seriam necessárias para nos convencer totalmente?

Mas é difícil acreditar no que veio em seguida. Um dos membros da equipe nos trouxe café e... morangos mergulhados em chocolate. Sei que tenho exigido demais de sua credibilidade, mas alguém, em qualquer curso de qualquer tipo, já serviu morangos cobertos de chocolate?

William continuou falando. Ele admitiu que – a não ser por sua experiência no Marrocos –, quando começou a dar *workshops* como esse, não sabia muita coisa. Aprendeu com as pessoas que chegavam.

– Notei que as pessoas se dividiam naturalmente em grupos. O primeiro era formado pelos curadores: médicos, professores, assistentes sociais, terapeutas e os que curavam através da fé. O segundo era o dos artistas: arquitetos, músicos, *designers*, atores e pessoas criativas em geral. Os programadores de computadores e engenheiros também participavam desse grupo. E havia ainda um terceiro, que trabalhava com rituais: sacerdotes, freiras, bruxas brancas, estudantes xamânicos e até maçons e ocultistas. – Pensei que gostaria de passar um dia ouvindo as conversas desse grupo. – Depois havia as pessoas que trabalhavam com plantas e com a terra: fazendeiros, jardineiros e horticultores. E, finalmente, o grupo dos negócios: funcionários de escritório, advogados, empresários, publicitários e profissionais de *marketing*.

Em todos esses grupos, os que procuravam os seminários de William eram pessoas que tinham percebido que havia uma ajuda invisível e subconsciente disponível. Sendo atriz, eu conhecia o conceito de musa da inspiração de Shakespeare, e, não sei como, tinha acabado numa sala com um homem que alegava saber como entrar em contato com ela. Por isso, ouvia atentamente.

Eu esperava um mistério, mas a lição pode ser resumida em uma palavra: pausa. Todas aquelas pessoas tinham descoberto o benefício de parar por alguns minutos antes de iniciar uma atividade para se sintonizar com o "espírito" da tarefa. Uma das mulheres, uma pintora, falou:

– É exatamente isso que eu faço. Paro por alguns instantes e me sintonizo com "algo mais". Chamem isso de "espírito da pintura", se preferirem. É como uma musa. Ele não me diz o que ou como fazer, mas me inspira. A partir daí, parece que a pintura flui melhor. Me torno muito mais presente.

Um espírito também pode ser visto como um modelo para todos os aspectos da vida. A essa altura, eu tomava notas furiosamente. William explicou que a ciência contemporânea tem dificuldade de entender como as partículas e as ondas de energia se ligam para se tornar átomos coerentes. A substância que falta é o deva, ou espírito do átomo, que contém um padrão energético de como um átomo deve ser. Como os arquétipos de Jung (aparentemente). O espírito contém o modelo e atrai magneticamente o melhor resultado possível. Vamos mudar o exemplo. Todos nós imaginamos que exista a justiça perfeita. Os tribunais de justiça raramente se aproximam dela, mas o espírito de justiça está lá: mais do que um conceito, é uma realidade espiritual, uma forma de energia que oferece o padrão de como as coisas devem ser. Há um padrão para a democracia perfeita, uma forma de debate parlamentar da qual só de vez em quando o Parlamento se aproxima. Existe um espírito que faz o mesmo para os diferentes elementos de uma cerimônia. Nas tradições católica e ortodoxa, William percebeu que uma "profunda magia" ocorre dentro do ritual.

– Alguns místicos descreveram a Eucaristia como a suprema cerimônia da cultura ocidental – ele acrescentou, explicando que participar desses rituais com frequência oferece às pessoas tempo e espaço para se sentarem calmamente e contemplarem sua energia e sua atmosfera.

Então ele nos propôs um processo. Tínhamos que fechar os olhos, focar no nosso corpo e prestar atenção à respiração até nos sentirmos calmos, e depois simplesmente nos sintonizar com a atmosfera da sala. No silêncio de nossa mente e de nosso coração, devíamos pensar no "mundo invisível". Lembrei de uma frase de meu filme preferido, *Um romance do outro mundo*, quando, caminhando por um parque, um jovem estudante espanhol diz a Juliet Stevenson: "Os espíritos estão por toda parte, e estão conosco agora". Eu me perguntei se isso poderia ser verdade. E lhes disse "alô" mentalmente, caso eles estivessem por ali. E lhes agradeci caso pudessem me ouvir.

A palavra "piquenique" sempre me faz pular de alegria, e é ainda melhor quando outra pessoa enche as cestas com coisas deliciosas. Íamos partir numa viagem misteriosa. Nossa pequena *van* atravessou as profundezas secretas da ilha e nos vimos em Ballaglass Glen, um dos trechos mais lindos e intocados do campo que já vi. A tarefa era simples: devíamos nos divertir, prestando atenção à atmosfera e aos espíritos que viviam no lugar. Se os espíritos de fato existem, evidentemente haveria espíritos ali, porque era um lugar tão idílico que seria tolice da parte deles não o ter escolhido como morada.

Sentei num rochedo ao lado de uma cachoeira e olhei para a água. Haveria mais do que eu conseguia ver? As árvores ao redor tinham um brilho "visível" até para mim. William nos dissera que os espíritos da natureza tinham se metamorfoseado em fadas e duendes não porque os pequenos seres esvoaçam com asas e roupas cor-de-rosa, mas porque é assim que o espírito das flores se sente. As energias ao redor das raízes das árvores têm uma qualidade terrena, e por isso o homem as imagina como gnomos. Não existem homenzinhos vivendo nas florestas, mas esse tipo de energia existe lá. Enquanto eu perambulava da cachoeira para o bosque e de uma árvore em estado de decomposição para uma anêmona verde recém-nascida no mundo subterrâneo, ouvi com todo o meu ser, e não apenas com os ouvidos. Sentei-me diante de uma árvore e repeti o exercício de troca de energia que tinha feito com o mar. Uma árvore é muito independente. Tem raízes que mergulham fundo na escuridão e braços que se estendem na direção da luz. Talvez eu pudesse meditar regularmente sobre as árvores do Battersea Park, absorver suas vibrações e lhes dar um pouco das minhas. Gosto muito daquelas árvores. Seria uma pena ver os belos plátanos londrinos que estão ali há cinquenta anos tombarem de estresse e exaustão.

Enquanto isso, alguns dos meus companheiros artistas estavam desenhando. Vocês não odeiam essas pessoas que são capazes de recriar toda a beleza de uma paisagem numa folha de papel com uns poucos traços? Havia duas delas entre nós. Olhei para seus desenhos, admirada, e pensei na inadequação das palavras.

Depois voltamos à *van* e partimos para a próxima locação misteriosa. Agora nos dirigíamos a um dos pontos mais altos da ilha para ver um círculo de pedras, um dos locais de reunião do velho parlamento. Desse lugar alto podíamos ver a maior parte da ilha. Era um lugar de quietude e calma, que era o que William pretendia nos oferecer. Depois de devorar o excelente piquenique e me deitar, senti uma inquietude.

– Conheço um jogo! – gritei. – Você pega um talo de grama e, quando alguém estiver dormindo, o enfia nas suas narinas para fazê-lo espirrar. É muito divertido. – E parti para o jogo com meu talo de grama. William me observou, sem saber se ria ou se me dava um tiro. Ele lançou a Mark um olhar suplicante.

– Isabel, venha se deitar! – disse Mark, tentando ser firme. Eu estava ocupada perturbando alguém. – Isabel! – Finalmente, ele teve uma inspiração e atirou um copo de água sobre mim. Soltei um uivo.

– É bem coisa de meninos – gritei. – Eles não têm noção de proporção. – Peguei meu tapete e fui me deitar a uma certa distância deles. Eles tinham conseguido o que queriam e agora podiam dormir em paz.

Cerca de uma hora depois, acordamos. Um vento suave e quente soprava sobre a montanha. William falou:

– Este é um lugar sagrado, porque daqui a ilha era vigiada por seus protetores. Todas as cidades antigas têm um espírito protetor, uma presença vigilante. Quero que vocês pensem no tamanho do espírito desta ilha e se sintonizem com essa energia. Se enquanto fazem isso vocês pensarem em algo que possam fazer para o espírito, apenas tomem nota.

Imaginei como seria ser esse espírito e estar ali soprando vida em tudo o que existia naquele lugar. Na ilha de Man viviam 70 mil pessoas, e, de uma maneira misteriosa, segundo William, os anjos e espíritos se envolviam em suas preocupações cotidianas. Mais uma vez, as palavras do credo cristão me vieram à mente: "Creio em Deus Pai, criador do céu e da terra, e de todas as coisas visíveis e invisíveis..." Nunca ouvira um sermão sobre esse tema. Talvez os pregadores o achassem intangível. Não há muita doutrina sobre os anjos. Graças a Deus. Permanecemos mais um pouco em silêncio e depois voltamos para o chá.

No sábado à noite nos dividimos, e Mark e eu nos juntamos ao grupo que voltou à praia. Foi minha ideia. Devíamos nos sentar à beira da água e meditar. Imagino que vocês vão dizer que me molhei, não é? O que os faz pensar que vou admitir isso? Sou péssima em meditação, como já disse. Mal fecho os olhos e respiro fundo duas vezes, caio no sono. O fato de estar sentada com as costas eretas e o vento no rosto não fez a menor diferença. Como posso fazer progressos no caminho da meditação profunda se meu subconsciente não deixa de aproveitar as oportunidades de dormir profundamente? "Consciência? Ugh!", ele diz, e, antes que eu perceba, já estou roncando.

Quando acordei, vi que um grupo tinha se reunido em volta de Mark. Ele é uma espécie de campeão mundial de lançamento de pedras, capaz de fazer um objeto sólido ricochetear na superfície do mar mais vezes do que é fisicamente possível. As pessoas estavam contando: ... 8, 9, 10, e aplaudindo com entusiasmo. A essa altura, todas as mulheres (e os homens) do curso estavam apaixonadas por Mark. Mas ele ainda parecia querer ficar comigo. Não há limite para o gosto de certas pessoas.

Quando voltávamos na *van*, Mark me despertou do sonho dizendo de repente:

– Veja!

– O que foi? – perguntei, assustada.

– Nada. Por um momento, pensei ter visto placas sequenciais.

No domingo pela manhã houve uma apresentação de *slides*. É como ler, sem o trabalho de virar as páginas. O melhor de tudo era ter William Bloom em pessoa nos fornecendo informações técnicas, históricas e universais sobre os anjos.

– Esta pintora representou como sentia os anjos através de uma dupla espiral – ele disse, como se estivesse nos ensinando ciência. – E esta imagem mostra um dossel em forma de medusa e um corpo na forma de um vórtice. Pintar um sentimento invisível apresenta aos artistas um desafio, mas é interessante ver como emergem padrões semelhantes independentemente da época e da cultura.

Quando as imagens terminaram, ele nos mostrou algumas flores e árvores. Eu estava tão sintonizada com a energia invisível que pude sentir os padrões que não tinham sido pintados.

O café chegou, e com ele gloriosas caixas de pastel para desenhar. William nos conduziu a uma maravilhosa meditação sobre nossos anjos da guarda e depois nos convidou a dar forma a nossas impressões.

– Desenhem vocês mesmos, depois seu campo energético e finalmente seu anjo da guarda.

Peguei um lápis vermelho e desenhei uma silhueta de mim mesma. Deixei o interior branco. Imagino que me sentia vazia na maior parte do tempo. Depois escolhi cores vivas e desenhei meu campo energético em muito rosa, vermelho, azul, amarelo, verde, laranja, púrpura. Pelo menos minha energia parecia brilhante e colorida. Depois me dediquei a desenhar meu anjo da guarda. Comecei pelas cores acima da minha cabeça, ainda mais vivas que a cor da minha aura. Desenhei uma espiral no meio e muitas cores vivas emergindo desse centro. Pensei em como juntar as cores do meu anjo às do meu campo energético, e então, sorrindo, peguei o lápis amarelo e juntei os dois. Afaste-se, Picasso. Losada chegou.

Adoro desenhar, porque não sinto nenhuma obrigação de ser boa nisso. O segundo desenho foi o de nossa casa, e tivemos que desenhar o espírito do lar. Tracei umas poucas linhas de contorno e não coloquei nada dentro da casa, exceto pequenas bolhas verdes de energia para representar as plantas e bolas de energia vermelha para representar minha filha, nosso inquilino e eu mesma. Então, com um vermelho rosado, desenhei o anjo. Essa cor cobriu inteiramente minha filha. Não sei bem por quê, mas me pareceu bem. Também me senti bem de cobrir a energia de meu inquilino com o anjo, mas, quando cheguei ao meu quarto, ele ficou pendurado num canto, olhando para mim: minha energia de um lado e a energia angelical do outro. Não sei por que não me cobri com a energia angelical também. Talvez tenha pensado que teria que mudar e passar a gostar de cozinhar. Depois, cada um mostrou aos outros suas imagens, e conversamos sobre elas como entusiasmadas crianças de escola. É engraçado como um grupo de adultos pode se divertir se lhe dão uma chance. Quem dera eu tivesse tido William por professor quando estava na escola!

Então chegou a hora do processo de encerramento. Formamos pela última vez o círculo das fadas. Uma das mulheres disse:

– Aprendi que, em vez de apenas olhar, posso participar da vida. Nunca fui capaz de fazer isso. Foi uma experiência maravilhosa.

O banqueiro da City disse que o fim de semana o ajudara a perceber seu dom de curar.

– Estou apenas aprendendo a confiar na presença dos anjos, que podem ser de grande ajuda. Participei de curas que vocês não poderiam imaginar. Sinto-me profundamente grato.

Nem todos falaram, e um milagre aconteceu: fiquei calada.

Mark falou.

– Desde que me lembro, sempre senti o mar e a vida ao ar livre como se fossem a minha casa. Sempre que estou ao ar livre sinto algo que talvez seja a harmonia de que você falou. Sei que sempre fico comovido e depois me sinto melhor. Ballaglass Glen e a praia... pareceram um lar para mim.

Houve um momento de silêncio, durante o qual as pessoas absorveram suas palavras, e então todos aplaudimos. Mais tarde, folheando um livro de William, encontrei esta frase: "Se alguém mostra respeito e deslumbramento, o que importa se ele acredita em anjos?"

Não me surpreendi que William gostasse de Mark. Eu não estava me saindo tão bem. Quando todos deixaram a sala, William me sorriu.

– Mark e eu estamos pensando em dar um passeio esta tarde. Ele é muito especial, não é mesmo?

– É sim, mas estou confusa – confidenciei. – Não consigo decidir se quero ficar com ele ou não. É como se vibrássemos em frequências diferentes.

– Já falou com ele sobre isso?

– Não consegui – eu disse, patética. – Não tenho motivos para criticá-lo. Ele é o que é. Não me parece justo.

– O que não me parece justo é você me falar de sua dúvida e não falar com ele.

Ele e Mark saíram para passear depois do almoço. Decidi que gostava mais de Roger Woolger. Foi muito irritante William me dizer algo que eu não queria ouvir. Até então eu gostava muito dele, mas a última coisa de que eu precisava era que alguém tivesse razão, porque isso me obrigava a contemplar a possibilidade de estar errada.

Mais tarde, tentei falar com Mark.

– Bem, na verdade não sei se vou ficar com você. Não me parece certo. Não consigo falar com você. Não gosto de lhe dizer algo desagradável. Estou muito confusa – lamentei.

Meu Deus, que falta de maturidade! Creio que isso se chama inteligência emocional. Nesse aspecto, estou no jardim de infância.

– Está tudo bem – ele sorriu. – Não me importo que você esteja confusa.

– Mas, se não tenho certeza de querer ficar com você, isso não significa que estou usando você?

– Como também não tenho certeza, posso estar usando você.

Ele é adorável. O que fazer com um amigo encantador com quem não quero ficar, que se interessa por placas de carro e que sempre anseio encontrar? Não é como nos livros.

Nessa noite, bati na porta de William quando ele já tinha ido para a cama e desfrutava de sua privacidade depois de um dia de trabalho. Eu nem parecia que tinha acabado de fazer um curso que treina a sensibilidade. Comecei a tagarelar em voz baixa, enquanto pedia que ele me autografasse seus livros.

– Falei com Mark – eu disse.

– Ótimo. – Evidentemente, ele estava se perguntando que raios eu estava fazendo em seu quarto.

– Pode autografar este também? – pedi, enquanto ele me olhava sem acreditar.

– Bem, agora eu gostaria de ir dormir.

Que falta de disponibilidade! Logo agora que eu queria me sentar e conversar por metade da noite...

– Claro! – Me apressei a sair do quarto, pensando: "Agora ele me odeia". Tinha sido uma semana ótima. Por que eu tinha que arruinar uma possível amizade invadindo seu quarto àquela hora? Como fui capaz de tanta insensibilidade? Se eu era capaz disso depois de uma semana de conscientização da sutil natureza espiritual das coisas vivas, que esperança haveria para mim no futuro? Sentei-me nos degraus da escada externa e observei as estrelas.

Dei uma olhada na dedicatória. Ele tinha escrito: "Desejando-lhe amor e generosidade, William". Pensei: "Ele provavelmente acha que preciso disso". Sou incorrigível, mas William tinha generosidade suficiente para me amar assim mesmo.

Epílogo

Parada no meio do caminho

"E então, o que você aprendeu?", ouço vocês perguntarem, cheios de dúvidas.

Posso imaginar um lama tibetano sorrindo e me fazendo saber que, se penso que aprendi alguma coisa, é porque estou sofrendo de uma ilusão, e seria melhor não ter feito nenhuma tentativa de percorrer o caminho. Ele diria algo como: "É melhor sentar-se e meditar do que caminhar pela trilha da ilusão".

Portanto, eis algumas de minhas ilusões.

Primeiro há a frase mágica que aprendi no Seminário da Percepção e que se tornou a pedra angular de meu estranho sistema de crenças. Todos vocês sabem qual é. Todos juntos, agora: "Use tudo para seu aprendizado, sua elevação e seu crescimento". Eu realmente aplico esse princípio. Quando alguma coisa ruim acontece, além de dizer "Que merda!", eu penso: "O que posso aprender com isso?" Portanto, essa ideia pode ser uma falácia, mas é eminentemente prática, vocês não acham? O pior é que gosto de imaginar que estou sempre crescendo como indivíduo. Meu ego gosta muito dessa ideia. No mundo real, talvez eu esteja apenas me iludindo mais. E observei que tudo isso é totalmente egocêntrico, mas não consigo responder se aprendi alguma coisa sem entrar nas águas profundas da autoindulgência. Assim sendo, aproveitem. Vocês podem aplicar tudo isso, e assim seremos autoindulgentes juntos.

Com relação a "ser uma pessoa melhor...", existe uma ideia que pode ter me ajudado ligeiramente e que foi a percepção de que aquilo que falamos dos outros é uma indicação segura do que precisamos trabalhar em nós mesmos. Recentemente, ouvi dois comentários de amigos: "Minha mãe é muito crítica" e "Meu namorado é muito intolerante". Vocês percebem como funciona? Quem, nessas conversas, está sendo crítico e intolerante? Em primeiro lugar, quem fala, e em segundo, num grau maior, eu. Agora percebo que toda crítica aos outros se reflete imediatamente em nós.

Posso ser barulhenta, teimosa, crítica, egoísta, calorosa, gentil e sensível. Sou tudo isso, e posso me amar e me aceitar apesar de todos os defeitos. Temos outros problemas na vida, mas amar e ser amados é o que realmente importa, não é?

E quanto à felicidade? Sou feliz?, vocês se perguntam. De modo completo, abundante, alegre e estúpido? O que é ser feliz? Ver as lágrimas correndo pelo rosto e saber que está tudo bem? Esse sentimento mal compreendido, desenfreado ou seja lá o que for eu tenho, tudo bem? Estar em paz com a dor e o sofrimento? Saber que estou fazendo o melhor que posso e vocês também, e que qualquer que seja a dificuldade ou a alegria, vai passar? Celebrar todas as coisas? Sim, isso é felicidade. Não o que geralmente entendemos por felicidade, uma felicidade baseada em relacionamentos, dinheiro e sucesso, que talvez sejam mais divertidos, mas que podem desaparecer da noite para o dia. O que vocês preferem?

A vida é excitante. Há muita coisa para fazer e aprender. Na verdade, vocês não precisam de muito dinheiro. Joguem fora a tevê e sejam criativos. E se não for tarde demais para fazer todas as coisas que sempre desejamos fazer? Ver se sou capaz de fazer uma vasilha de cerâmica no torno. Fazer um curso de sexo tântrico de um ano. Ler *Memórias, sonhos e reflexões*. Encontrar um jeito de visitar a floresta equatorial antes que acabe. Produzir meu próprio adubo orgânico. Fazer pão. Ter um cachorro. Representar o Príncipe Encantado em mímica no Natal. Viajar pela América do Sul. Trabalhar como voluntária por seis meses junto às irmãs de madre Teresa. Montar um camelo. Pintar um quadro enorme com cores primárias. Estudar política, história, geografia, biologia, geologia, teologia, psicologia... bem, psicologia talvez não. Reflexologia, sim – eis uma matéria que eu poderia adorar. E acabei de descobrir que na Inglaterra há quem ensine viagem astral. Sabe aquelas "experiências fora do corpo" que as pessoas têm quando morrem? Agora posso aprender isso estando viva. Vocês acreditam nisso?

Temos um número limitado de batimentos cardíacos. Portanto, seja o que for que eu queira fazer, tenho que fazer agora. E o que devíamos estar fazendo? O que nos dê alegria e alegre os que nos rodeiam. Há muita inspiração disponível. Vejam a vida de Helen Keller, Christopher Reeve ou Mandela. Escolham seus preferidos.

Mas agora chega disso. Talvez vocês queiram saber o fim da parte romântica da história. Nesta manhã meu americano telefonou e disse: "Isabel, cometi um erro terrível. Tem que ser você. [Entra a orquestra.] Tem que ser você. Andei por aí e finalmente descobri que tem que ser você". Ele percebeu que, sem mim, sua vida estará sempre incompleta.

Eu gostaria de ser uma escritora de ficção.

Por ter renascido, aprendi que posso estar com o homem que quero e que me quer. Mas ainda não consigo dizer isso sem rir.

Amo o nortista careca que se interessa por placas de automóveis, mas, não sei como, sempre foi um "mas, não sei como".

Agosto chegou, o mês em que eu devia tomar uma decisão. Uma noite, nós nos sentamos na praia e bebemos vinho tinto, exatamente como ele tinha me dito que faria. Ele disse todas as coisas certas: "Eu te amo. Quero viver com você". E eu, como uma fêmea ridícula, chorei. Mas, em vez de beijá-lo e lhe entregar a chave de casa, como devia, eu apenas continuei olhando para ele, parecendo patética. Ele olhou para mim. Eu não queria que ele viesse morar comigo. Não queria passar minha vida com ele.

– Não podemos continuar como estamos? – murmurei.

– Não. Eu quero mais. – De repente, o roteiro me parecia familiar, semelhante ao de tantos capítulos de novelas.

Eu não disse nada. Às vezes isso acontece.

Ele olhou para o mar e disse:

– Tudo bem, então. Deixo você na estação de manhã.

– E me coloca no quarto de hóspedes esta noite?

– Acho que sim. Acho que será bom para nós ficarmos sozinhos. A verdadeira viagem é interior.

Seria um eco ou havia uma freira em algum lugar da praia?

– Você vai me telefonar? – perguntei.

– Talvez.

– Posso lhe telefonar?

– Claro. Sempre que quiser.

Sorrimos um para o outro, com uma cara ligeiramente idiota. Foi um estranho final feliz.

Na manhã seguinte, fiel à sua palavra, ele me deixou na estação.

Vocês talvez estejam pensando que não tenho jeito, que sou disfuncional sem possibilidade de redenção e que todas as minhas tentativas de melhorar foram um terrível fracasso. Talvez vocês pensem que eu devia ter ficado com o nortista careca, já que ele era tolo o bastante para querer ficar comigo. Mas tomei minha decisão, não foi? Ou talvez a decisão tenha sido dele, porque eu não tive coragem. Ele queria tudo ou nada. Uma coisa estranha. Tradicionalmente, espera-se que o homem seja contra o compromisso. Mas eu teria me casado com o último americano louco. Eu queria aprender a amá-lo. Portanto, não pensem que tenho dificuldade de me comprometer quando acho que estou com a pessoa certa. Esquivas essas pessoas certas, não é mesmo? Portanto, tive a oportunidade de experimentar um relacionamento comigo mesma.

Hoje é outro dia. É terça-feira. Minha filha adolescente sorriu para mim. Um gato castanho se mudou para a minha casa sem ser convidado, e esta manhã estava muito elegante, sentado nas flores amassadas da floreira. O carteiro trouxe cartas em envelopes escritos à mão. O céu mostra um tom horrível de cinza, e estou certa de que vai chover a qualquer momento. Caminho pelo meio da Battersea Park Road e me sinto absurdamente feliz sem razão alguma.

Eu quis aprender como irradiar otimismo não importa o que estivesse acontecendo em minha vida. Parece que estou fazendo isso. E quis ser totalmente desagradável. Acho que estou perto disso, não?

Mais informações

Isabel pode ser encontrada em www.facebook.com/AuthorIsabelLosada. Através do site www.isabellosada.com também podem ser adquiridas edições deste livro em alemão, catalão, croata, espanhol, finlandês, grego, holandês, italiano, japonês, russo, sueco e tcheco.